Erinnerungen
von Ludwig v. Mises

Foto: Don Honeyman

Erinnerungen

von
Ludwig v. Mises

mit Vorworten von
Thorsten Polleit u. Margit v. Mises

und einer Einleitung von
Friedrich August von Hayek

2. Auflage

Lucius & Lucius · Stuttgart

Die erläuternden Fußnoten zu den «Erinnerungen» und das Register
erarbeitete
Frau Dr. Monika Streissler, Wien

Die erste Auflage dieses Buches erschien
1978 beim Gustav Fischer Verlag in Stuttgart

Der Neudruck erfolgt auf Initiative und
mit Beteiligung des
Ludwig v. Mises Instituts Deutschland e. V.

Bibliographische Information der Deutschen Nationalbibliothek
Die Deutsche Nationalbibliothek verzeichnet diese Publikation in der Deutschen
Nationalbibliografie; detaillierte bibliografische Daten sind im Internet über
http://dnb.d-nb.de abrufbar.

ISBN 978-3-8282-0581-9

© Lucius & Lucius Verlagsgesellschaft mbH · Stuttgart · 2014
Gerokstraße 51 · D-70184 Stuttgart · www.luciusverlag.com

Druck und Einband: BELTZ Bad Langensalza GmbH, Bad Langensalza
Printed in Germany

Inhaltsverzeichnis

Einführung

»Kein anderer Beruf schien mir erstrebenswerter als der des Universitätslehrers. Ich habe frühzeitig erkannt, daß es mir als Liberalem stets verwehrt bleiben würde, die ordentliche Professur an einer Hochschule des deutschen Sprachgebietes zu erlangen.«

Ludwig von Mises (1978), Erinnerungen, S. 61.

Ludwig von Mises (1881–1973) war nicht nur der herausragende Vertreter der Österreichischen Schule der Nationalökonomie. Er war auch der wohl bedeutendste Wirtschafts- und Sozialtheoretiker des 20. Jahrhunderts. Hans-Hermann Hoppe formuliert es wie folgt: »Mises hat – kulminierend in seinem magnum opus, dem aus seiner *Nationalökonomie* hervorgegangenen *Human Action* – ein geistiges Monument geschaffen, das in Grundlegung und Systematik, thematischem Umfang, Geschlossenheit und Vollständigkeit der Darstellung, begrifflicher Klarheit und Schärfe sowie Zeitlosigkeit der Geltung im Bereich der Sozialwissenschaften einzigartig ist, und im Vergleich zu dem die Arbeiten selbst der bedeutendsten seiner Vorgänger dilettantisch erscheinen.«[1] Von den zahlreichen wichtigen wirtschaftswissenschaftlichen Beiträgen, die Mises geleistet hat, seien an dieser Stelle nur die wichtigsten kurz erwähnt.

Im Jahre 1912 veröffentlichte er seine Habilitationsschrift *Theorie des Geldes und der Umlaufsmittel*. Ein bahnbrechendes Werk in der Geldtheorie. 1919 verfasste er den Aufsatz *Die Wirtschaftsrechnung im sozialistischen Gemeinwesen*, eine wissenschaftliche Schrift, mit der er die Unmöglichkeit, die Undurchführbarkeit des Sozialismus nachwies; sie wurde 1920 veröffentlicht. 1922 legte er das Buch *Gemeinwirtschaft. Untersuchungen über den Sozialismus* vor, eine umfassende Widerlegung aller sozialistischen-kollektivistischen Gesellschafts- und Wirtschaftsformen. 1927 erscheint Mises' Buch *Liberalismus* – eine logisch-konsistente und unbedingte Legitimierung der freiheitlichen Marktwirtschaft. Im Jahre 1933 veröffentlichte Mises *Grundprobleme der Nationalökonomie*, eine Sammlung von Aufsätzen, in denen er die wissenschaftliche Grundlage der Nationalökonomie

---

[1] Hoppe, H.-H (1993), Einführung: Ludwig von Mises und der Liberalismus, S. 7–8.

eingehend erörtert und herausarbeitet. Als Mises bereits im Schweizer Exil ist, erscheint 1940 sein Meisterwerk *Nationalökonomie. Theorie des Handelns und Wirtschaftens*, und 1949 wird es, umfassend umgearbeitet, unter dem Titel *Human Action. A Treatise On Economics* veröffentlicht. Mises' letztes Werk *Theory and History. An Interpretation of Social and Economic Evolution* erschien 1957. Darin erläutert Mises die philosophischen Grundlagen von *Human Action* und entlarvt Dogmen wie den Historizismus, den Szientismus und den marxistischen dialektischen Materialismus als falsche Theorien.

In *Nationalökonomie* machte Mises deutlich, wie man über nationalökonomische Fragestellungen nachzudenken hat: Die Volkswirtschaftslehre als Lehre vom menschlichen Handeln ist keine Erfahrungswissenschaft, sondern »reine Theorie«, eine Wissenschaft *a priori*. In Mises' Worten: »Die allgemeine Wissenschaft vom menschlichen Handeln ist Theorie und nicht Geschichte, sie ist apriorische Erkenntnis und nicht Erfahrungswissenschaft.«[2] In der Volkswirtschaftslehre lassen sich, so argumentierte Mises ganz in der Tradition Carl Mengers (1840–1921), *ökonomische Gesetzmäßigkeiten* aufspüren, die immer und überall gelten; und die Richtigkeit von ökonomischen Theorien lässt sich nicht durch Erfahrungswerte, sondern nur durch widerspruch- – und fehlerfreies Denken (Logik) überprüfen. Die wissenschaftliche Methode, der sich die Nationalökonomie zu bedienen hat, bezeichnete er als *Praxeologie*, die *Logik des menschlichen Handelns*. »Die durch widerspruch- – und fehlerfreies Denken gewonnenen Sätze der Praxeologie sind nicht nur vollkommen sicher und unbestreitbar wie die Sätze der Mathematik; sie beziehen sich mit aller ihrer Sicherheit und Unbestreitbarkeit auf das Handeln, wie es im Leben und in der Wirklichkeit geübt wird. Die Praxeologie vermittelt daher exaktes Wissen von wirklichen Dingen.«[3]

Mises gibt den Befürwortern und Verteidigern der freien Marktordnung ein (praxeo)logisches Fundament, mit dem nachgewiesen werden kann, dass staatliche Eingriffe in das Wirtschafts- und Gesellschaftsleben zweck- und sinnwidrig und zum Scheitern verurteilt sind. Es war tragisch für Mises' Leben und Werk, dass er sich in einer Zeit zum unbedingten und unbeugsamen Befürworter des Liberalismus-Kapitalismus entwickelte, in der Unfreiheit, Gewalt und Totalitarismus ihre Hochzeit erlebten: in der Gestalt des Sozialismus, Kommunismus, Faschismus, Nationalsozialismus oder des sozial-demokratischen Sozialismus. Mises' nationalökonomische Erkenntnisse, aufgebaut auf der Praxeologie, standen in intellektueller Gegnerschaft zum Etatismus, Interventionismus und Sozialismus seiner

---

[2] Mises (1949); Nationalökonomie. Theorie des Handelns und Wirtschaftens, S. 39.
[3] Ebenda, S. 20.

Zeit. Er, der aus einer jüdischen Familie stammte, erhielt vor 1933 keine ordentliche Professur an einer deutschsprachigen Universität. Von 1909 bis 1938 war Mises der Nationalökonom der Niederösterreichischen Handels- und Gewerbekammer. Seine umfangreichen wirtschaftswissenschaftlichen Arbeiten entstanden folglich neben – beziehungsweise zusätzlich zu – seiner Tätigkeit bei der Handelskammer.

Trotz seiner Außenseiterstellung im Wissenschaftsbetrieb hatte Mises jedoch nicht nur durch seine Schriften, sondern vor allem auch durch sein berühmtes *Privatseminar* starken Einfluss auf eine Reihe von Schülern und Studenten, die später selber einmal zu bedeutenden Denkern werden sollten. Mises hielt sein *Privatseminar* von 1920 in den Monaten Oktober bis Juni alle vierzehn Tage in seinem Arbeitszimmer in der Handelskammer in Wien ab, bis 1934, als er vor den Verfolgungen der Nationalsozialisten in die Schweiz flüchtete. Bis Mises 1940 in die Vereinigten Staaten emigrierte, lehrte er als Professor für Internationale Wirtschaftsbeziehungen am Graduate Institute of International Studies an der Universität Genf; und erst 1945, fünf Jahre nach seiner Ankunft in den Staaten, nahm er eine Teilzeit-Gastprofessur an der New York University an und begann wieder zu lehren.

Im Herbst 1940 begann Mises seine *Erinnerungen* zu schreiben, also recht kurz nachdem er am 2. August 1940 zusammen mit seiner Frau Margit von Mises (1890–1993) in den Vereinigten Staaten eintraf. Es war eine entbehrungsreiche, schwierige Zeit für Mises. Im Dezember 1940 übergab er seiner Frau ein handgeschriebenes erstes Manuskript zur Aufbewahrung und späteren Veröffentlichung. Im Jahr 1978, fünf Jahre nach seinem Tod, wurden die *Erinnerungen* von ihr publiziert, in deutscher Sprache und in englischer Übersetzung unter dem Titel *Notes and Recollections*, übertragen von Hans F. Sennholz (1922–2007). Über die Zeit nach 1940 hat Mises keinen autobiographischen Text mehr verfasst.

Wer sich für Mises' Leben und vor allem Person interessiert, wird vielleicht große Erwartungen hegen, wenn er Mises' *Erinnerungen* in den Händen hält. Er mag zum Beispiel die Hoffnung haben, ganz persönliches über Mises zu erfahren, etwa über seine Kindheit, seine Familie, seine Schul- und Universitätszeit, seine Ehe, seine Vorlieben, Hoffnungen und Sorgen. Doch nichts dergleichen geben seine *Erinnerungen* preis. Der Leser erhält aufschlussreiche Einblicke in die Entwicklungen der Österreichischen Republik in der Zwischenkriegszeit, er erfährt auch viel über Mises' akademisches und politisches Wirken bis zum Jahre 1940. Direkte persönliche Offenbarungen bleiben jedoch aus. Mises selbst hat dafür gesorgt, dass nur wenig über seine Person, sein Privatleben bekannt geworden ist. Er selbst hat es vermieden, private Aufzeichnungen zu hinterlassen. Persönliche Bilder und Eindrücke von ihm ergeben sich vermutlich vor allem aus dem Buch *My Years with Ludwig von Mises*, das seine Frau 1976 veröffentlichte.

Die *Erinnerungen* geben dem Leser dennoch zahlreiche Hinweise über Mises' Persönlichkeit. Mises schwamm nicht mit dem Strom, handelte nicht opportunistisch, sondern folgte bereits früh seinen nationalökonomischen Überzeugungen – und blieb dieser Grundlinie Zeit seines Lebens treu. Im Winter 1918/19 etwa wirkte Mises maßgeblich auf den führenden Austromarxisten Otto Bauer (1881–1938) ein und wendete damit letztlich in Wien die Bolschewistische Revolution ab. Er überzeugte Bauer, dass der Bolschewismus katastrophal für die Lebensbedingungen der jungen Republik gewesen wäre. Unmittelbar nach dem Ersten Weltkrieg setzte Mises sich dafür ein, die chronische Defizit- und Inflationspolitik zu beenden. Seine Anstrengungen waren insofern erfolgreich, als dass der Kaufkraftverfall der Österreichischen Krone 1922 gestoppt werden konnte. Zwar hatte die Krone drastisch an Wert verloren, zumindest blieb ihr jedoch das Schicksal der Deutschen Reichsmark, die in der Inflationspolitik 1923 unterging, erspart. Mises berichtet, dass ihm ab 1921, als mittlerweile anerkannter Währungs- und Bankexperte, immer wieder Vorstandspositionen in Banken angeboten wurden, die er aber ablehnte, weil er nicht die Zusicherung erhielt, dass seine Ratschläge auch befolgt würden. Es ging ihm auch hier offensichtlich nicht um persönliches Fortkommen, sondern um die Verwirklichung der Vorstellungen, die er für richtig hielt.

Das Folgende kann vermutlich als besonders aufschlussreiches Zeichen für seine persönliche Integrität gewertet werden. Mises erfuhr über den eigentlich geheim gehaltenen »Dispositionsfonds« der Österreich-Ungarischen Bank, aus denen Pressevertreter und andere »Protektionskinder« bezahlt beziehungsweise bestochen wurden. Doch das Wissen darüber, dass seine Gegner in Presse und Wissenschaft Nutznießer dieser Korruptionsvorgänge waren, und dass vor allem aus diesem Grunde ihre Angriffe einer sachlichen Grundlage entbehrten, veranlasste Mises nicht, davon Gebrauch zu machen: »Der Nationalökonom hat sich mit Doktrinen auseinanderzusetzen und nicht mit Menschen. Er hat falsche Doktrinen zu kritisieren; es ist nicht seines Amtes, die persönlichen Motive von Irrelehren zu enthüllen.«[4] Mises glaubte zeitlebens an die (Überzeugungs-)Kraft der guten Argumente, der guten Ideen. Er hatte diesbezüglich eine unbeugsame, kompromisslose Haltung.

Mises' *Erinnerungen* sind, auch 36 Jahre nach ihrer Erstveröffentlichung, nach wie vor überaus lesenswert für alle diejenigen, die an der Geschichte der Theorie und Praxis der Nationalökonomie im deutschsprachigen Raum interessiert sind. Die Erinnerungen sind vor allem auch ein knapp

---

[4] Mises (1978), Erinnerungen, S. 31.

gehaltener (Lebens-)Erfahrungsbericht eines in vieler Hinsicht herausragenden Ökonomen, eines Ökonomen, der nicht nur die weitreichende Bedeutung der Nationalökonomie für Frieden und Prosperität erkannt hatte, sondern der auch keine Kompromisse einging, wenn es um intellektuelle Integrität des Wissenschaftlers ging. Gerade jungen, aufstrebenden Ökonomen, die in den weitgehend staatlich besoldeten wirtschaftswissenschaftlichen Wissenschaftsbetrieb drängen, bieten Mises' *Erinnerungen* einen wichtigen Orientierungs- und Reflexionspunkt. Was in den *Erinnerungen* durchdringt, formulierte Mises bereits eindrücklich in *Nationalökonomie* (1940): »Zu politischen Ideen und Doktrinen darf der Nationalökonom allenfalls auf Grund der Ergebnisse umfassender Denkarbeit gelangen; der Anfang wissenschaftlichen Denkens muss in der Abkehr von allen Bindungen an Programme und Parteien liegen. ... Wie die Naturforscher und die Historiker damit anfangen mussten, sich von den Lehren der Bibel und der Dogmen zu befreien, so muss der Nationalökonom sich von den Parteilehren lösen. Das allein und nichts anderes ist der Sinn der Forderung voraussetzungsloser Forschung.«[5]

Die Neuauflage von Mises' *Erinnerungen* wird hoffentlich einen großen Leserkreis finden und dazu beitragen, Mises' Leben und Werk bekannt zu machen – und damit auch im deutschsprachigen Raum ein Wiederaufleben der Lehre der Österreichischen Schule der Nationalökonomie, vor allem in seiner »Misesianischer« Ausprägung, unterstützen.

Präsident des Ludwig von Mises Institut Deutschland   *Thorsten Polleit*

---

[5] Mises (1940), Nationalökonomie, S. 746–747.

Vorwort

*«Ich wollte Reformer werden, doch
ich bin nur der Geschichtsschreiber
des Niedergangs geworden.»* *

Als mein Mann, Ludwig von Mises, im September 1940 die obigen Zeilen schrieb, war er tief deprimiert. Die wenigen Worte beweisen deutlich seine Stimmung. Er hatte den Zerfall der westlichen Zivilisation kommen sehen, und er fürchtete einen vollkommenen Untergang. Und doch schließen diese *Erinnerungen* die Hoffnung nicht aus, daß seine Warnungen in einer ferneren Zukunft von der Welt gehört und befolgt werden würden.

Obwohl es nur ein kleines Büchlein ist, so ist der Inhalt gedankenreich und zwingt den Leser zum Denken.

Die Entstehungsgeschichte dieses Werkes wird die momentane Depression meines Mannes erklären können.

Am 2. August 1940 landeten wir in New Jersey, durch den Hudson Fluß getrennt und durch Brücken und Tunnels mit New York verbunden. Die Welt war in Aufruhr, der Krieg wütete, als wir von Europa Abschied nahmen.

Es war kein leichter Entschluß für Ludwig von Mises, Genf zu verlassen. Die sechs glücklichsten Jahre seines Lebens hatte er dort verlebt. Von Professor William Rappard an das Institut Universitaire des Hautes Études berufen, hatte er den Lehrstuhl für Internationale ökonomische Beziehungen übernommen. Durch sein Privat-Seminar in Wien, durch seine Bücher, die teilweise bei Gustav Fischer (damals in Jena) herausgekommen waren, war er in ganz Europa bekannt geworden. Sein Ruf war nach Amerika gelangt, bevor er noch das Land betreten hatte.

Von der amerikanischen Regierung hatten wir ein Non-Quota Visa erhalten, so daß unsere Einreise jederzeit erfolgen konnte.

Es war ein heißer, feuchter Tag als wir in New Jersey landeten. Vier Wochen voller Unsicherheit, seelischer Qualen und Aufregungen lagen hinter uns**. Kein einziges Familienmitglied erwartete uns. Wir hatten

---

* Seite 57–62.

** Vgl. My Years with Ludwig von Mises, Arlington House Publishers, New Rochelle, New York 10801, U.S.A. January 1976.

kein Heim, und so wie viele andere Einwanderer hatten wir schwere Zeiten durchzumachen, bevor wir wieder festen Grund unter den Füßen fühlen konnten. Unser ganzes Hab und Gut, meines Mannes wertvolle Bibliothek war verpackt und abgeschickt, bevor wir noch die Schweiz verließen. Wir hatten keine Ahnung, wo das Gepäck sich zur Zeit in Europa befand: ja, es war zweifelhaft, ob wir es je wiedersehen würden. Von 1940 bis 1942 hatten wir kein richtiges Zuhause. Wir zogen von einem kleinen Hotel zum anderen und lebten von unseren Ersparnissen. Kein einziger Lehrstuhl war Ludwig von Mises angeboten worden, der ihm annehmbar erschien.

Das war der Hintergrund dieser Arbeit, als mein Mann im Herbst 1940 sich an den Schreibtisch setzte, um – wie er ursprünglich plante – seine Autobiographie zu schreiben. Ohne seine täglichen Aufzeichnungen, ohne seine Bücher, beendete er im Dezember 1940 dieses Buch. Ich erinnere mich wie gestern, als er mir zum ersten Mal das Manuskript zeigte. Ich erinnere mich an den starken Eindruck, den es auf mich machte. Ich fühlte, ohne es noch völlig zu verstehen, daß es ein Werk von großer Bedeutung war; ich wußte aber auch, daß es keine Autobiographie im wahren Sinne des Wortes ist. Wie Meyers Enzyklopädisches Lexikon sagt, ist eine Autobiographie «die literarische Darstellung des eigenen Lebens».

Das Manuskript gibt ein klares und vollständiges Bild der geistigen Entwicklung meines Mannes; es enthält die Ideen seiner Bücher und seiner Schriften. Es spricht von seiner akademischen und politischen Tätigkeit bis zum Jahre 1940, aber es sagt fast gar nichts über seine Familie, seine Angehörigen, seinen Hintergrund.

Zwei Jahre später, als wir endlich unsere eigene Wohnung hatten, gab mir mein Mann das handgeschriebene Manuskript. Jetzt war es sorgfältig in zwei schwarzen harten Einbänden geborgen. «Diese Bücher gehören Dir» sagte er. «Gib gut acht auf sie».

Zweifellos hat er an Veröffentlichung gedacht. Als ich ihm, etwa dreißig Jahre später – er war inzwischen in der ganzen Welt anerkannt und berühmt – aber auch angegriffen und angefeindet worden – als ich ihm zu der Zeit vorschlug, mir seine Autobiographie in die Maschine zu diktieren, sagte er: »Du hast ja die zwei Bücher. Mehr brauchen die Leute nicht über mich zu wissen.»

Erst einige Monate nach seinem Tode (10. Oktober 1973) erinnerte ich mich der zwei schwarzen harten Einbände. Ich nahm sie aus meinem Schreibtisch, seine klare deutliche, mir so wohl bekannte Handschrift ließ die Vergangenheit zu neuem Leben erwachen. Ich war fasziniert . . . wie gebannt las ich das Buch wieder und wieder. Jetzt erst wußte ich, welch wichtiges Dokument ich in Händen hielt. Jetzt erst erkannte ich die volle historische Bedeutung dieser Schrift.

Niemals zuvor hat Ludwig von Mises solche scharfen, vernichtenden Urteile und Beobachtungen über die ökonomischen und kulturellen Verhältnisse der deutschen und österreichischen Universitäten, über die Professoren und andere in der Öffentlichkeit stehenden Politiker und Persönlichkeiten gemacht. Niemals zuvor hat er seiner Verzweiflung über den bevorstehenden Untergang der westlichen Zivilisation so deutlich Ausdruck gegeben. Im nachhinein möchte ich sagen, nie wieder hat er in dieser unverhüllten, offenen Weise geschrieben.

In späteren Jahren, als er innerlich ruhiger wurde und mehr Einsicht in die ökonomischen Verhältnisse und die ungeheuren Möglichkeiten der Vereinigten Staaten gewann, bekam er neue Hoffnung für das Überleben der westlichen Kultur. Die wichtigsten und bedeutendsten Bücher hat er in den letzten dreißig Jahren seines Lebens geschrieben. Immer von neuem warnte er vor Inflation, Intervention und Kommunismus.

Sein erster großer Erfolg in den Vereinigten Staaten war im Jahre 1945 die Veröffentlichung zweier englisch geschriebener Bücher: *Omnipotent Government* und *Bureaucracy*. In den nächsten vier Jahren bearbeitete er sein 1940 in Genf erschienenes Werk *Nationalökonomie*, um es den amerikanischen Verhältnissen anzupassen. Der neue Titel des sozusagen neuen Buches war *Human Action*. Es erschien 1949 und machte ihn mit einem Schlage weltberühmt. Dieses Buch – wie alle seine folgenden Bücher – wurde in viele Sprachen übersetzt. Kürzlich erschien es auch auf chinesisch. In den weiteren Jahren veröffentlichte er *Socialism*, welches schon 1922 in Deutschland bei Gustav Fischer unter dem Titel *Gemeinwirtschaft* erschienen war. In Kürze folgten *The Theory of Money and Credit*, *The Anti-Capitalistic Mentality*, *Planned Chaos* und *Planning for Freedom*.

Henry Hazlitt, der bekannte amerikanische Schriftsteller und Nationalökonom, schrieb 1973 zum 92. Geburtstag von Ludwig von Mises in Barrons: «Die 92 Jahre seines Lebens waren außerordentlich fruchtbar. Als die Amerikanische Nationalökonomische Gesellschaft im Jahre 1969 Ludwig von Mises The Distinguished Fellow Award verlieh (eine besonders hohe Auszeichnung, die alljährlich nur zwei Nationalökonomen zuteil wird), bezeichnete sie ihn als den Verfasser von 19 Büchern, Erstausgaben betreffend, aber von 46 Büchern, wenn revidierte Neuausgaben und Übersetzungen in fremde Sprachen mitgerechnet würden. In den letzten Jahren seines Lebens sind Ludwig von Mises viele Ehren zuteil geworden. Aber all diese Ehren entsprechen kaum dem, was er geschaffen hat.»

Durch dieses Büchlein wird die Welt noch einmal die warnende Stimme meines Mannes vernehmen. Ich hoffe, daß das schmale Buch von vielen denkenden Männern und Frauen gelesen werden wird. Die bösen Folgen der Inflation und des Sozialismus-Kommunismus, die immer größer werdende Macht und Korruption der Regierungen werden ihnen klar werden, und ein Gefühl der Angst wird sie ergreifen. Niemand weiß, ob Geschichte sich nicht wiederholen kann. Wir können es nur verhindern, wenn wir die Zusammenhänge verstehen.

Juni 1977
New York   *Margit von Mises*

Einleitung

Obwohl unzweifelhaft einer der bedeutendsten Nationalökonomen seiner Generation, blieb Ludwig von Mises (1881–1973) in einem gewissen Sinn bis an das Ende seiner ungewöhnlich langen wissenschaftlichen Tätigkeit doch ein Außenseiter in der akademischen Welt – gewiß innerhalb des deutschen Sprachgebietes – aber auch noch, als er während des letzten Drittels seines Lebens in den Vereinigten Staaten einen größeren Schülerkreis heranzog. Vorher war sein starker, unmittelbarer Einfluß im wesentlichen auf sein Wiener Privatseminar beschränkt geblieben, dessen Mitglieder meist erst zu ihm gefunden hatten, nachdem sie ihr erstes Studium abgeschlossen hatten.

Wenn dies nicht die Veröffentlichung dieser in seinem Nachlaß gefundenen «Erinnerungen» allzu lange hinausschieben würde, hätte ich die Gelegenheit gerne benützt, jene Gründe der merkwürdigen Vernachlässigung zu analysieren, die einem der originellsten Denker im Bereich der Wirtschaftswissenschaft und Sozialphilosophie unserer Zeit widerfahren ist. Aber zum Teil bringt dieses hinterlassene Fragment einer Autobiographie selbst die Antwort. Die Gründe, aus denen er in den zwanziger Jahren oder vor 1933 nie eine ordentliche Professur an einer deutschsprachigen Universität erhielt, während zahlreiche und oft unbestreitbarerweise höchst unbedeutende Personen solche Stellen erreichten, waren gewiß oft sehr unsachlich. Seine Berufung hätte jeder Universität gutgetan. Und doch war das instinktive Gefühl der Ordinarien, daß er in diesen Kreis nicht ganz hineinpasse, nicht völlig falsch. Auch wenn sein Fachwissen das der meisten Lehrstuhlinhaber übertraf, war er doch nie ein richtiger Fachprofessor. Wenn ich in der Geistesgeschichte nach ähnlichen Gestalten im sozialwissenschaftlichen Bereich suche, fände ich sie nicht unter den Professoren, selbst kaum bei Adam Smith, sondern muß ihn mit Denkern wie Voltaire oder Montesquieu, Tocqueville und John Stuart Mill vergleichen. Dies ist ein Eindruck, den ich nicht erst im Rückblick gewonnen habe. Aber als ich vor mehr als fünfzig Jahren Wesley Claire Mitchell in New York die Stellung von Mises in ziemlich denselben Worten zu erklären versuchte, begegnete ich, vielleicht begreiflicherweise, nur einer höflich-ironischen Skepsis.

Das Wesentliche an seinem Werk ist eine Gesamtschau der Entwicklung der Gesellschaft, bei der er vor den wenigen vergleichbaren Zeitgenossen, wie etwa Max Weber, mit dem ihn auch eine seltene gegenseitige Achtung verband, eine wirkliche Kenntnis der ökonomischen Theorie voraus hatte.

Das folgende Buch sagt über seine Entwicklung, Stellung und Anschauungen viel mehr, als ich weiß oder berichten könnte. Ich kann hier nur versuchen, es für die zehn Jahre seiner Wiener Zeit (1921–1931), während der ich mit ihm eng verbunden war, zu ergänzen und zu bestätigen. Ich kam zu ihm, eher charakteristischerweise, nicht als Student, sondern als eben promovierter Doktor der Rechte und als ihm unterstellter Beamter an einer jener temporären Sonderbehörden, die zur Durchführung der Bestimmungen des Friedensvertrages von St. Germain geschaffen worden waren. Den Empfehlungsbrief meines Universitätslehrers Friedrich von Wieser, der mich als vielversprechenden jungen Ökonomen beschrieb, quittierte Mises lächelnd mit der Bemerkung, daß er mich nie in seinen Vorlesungen gesehen hätte. Als er mein Interesse bestätigt und meine Kenntnisse befriedigend fand, förderte er meine Bemühungen jedoch in jeder Weise und trug viel dazu bei, meinen (vor der Zeit der Rockefeller Stipendien erfolgten) längeren Besuch in den Vereinigten Staaten zu ermöglichen, dem ich viel verdanke. Aber obwohl ich ihn in den ersten Jahren täglich dienstlich sah, hatte ich keine Ahnung, daß er sein großes Buch über die «Gemeinwirtschaft» vorbereitete, das mich bei seinem Erscheinen im Jahre 1922 entscheidend beeinflußte.

Erst bei meiner Rückkehr aus Amerika im Sommer 1924 wurde ich in jenen Kreis aufgenommen, der schon einige Zeit bestand und durch den Mises in Wien hauptsächlich wissenschaftlich wirkte. Dieses «Mises-Seminar», wie wir alle die zweiwöchentlichen abendlichen Diskussionen in seinem Büro nannten, ist in den «Erinnerungen» ausführlich beschrieben, wenn Mises auch die kaum weniger wichtigen, regelmäßigen Fortsetzungen der Diskussionen des offiziellen Teiles bis spät in die Nacht hinein in einem Wiener Kaffeehaus nicht erwähnt. Es waren, wie er richtig beschreibt, nicht Unterrichtsveranstaltungen, sondern Diskussionen unter dem Vorsitz eines älteren Freundes, dessen Ansichten die Mitglieder keineswegs alle teilten. Strikt genommen, war eigentlich nur Fritz Machlup ursprünglich Mises' Schüler. Im übrigen waren von den regelmäßigen Mitgliedern nur Richard Strigl, Gottfried Haberler, Oskar Morgenstern, Lene Lieser und Martha Stefanie Braun im Hauptfach Nationalökonomen. Ewald Schams und Leo Schönfeld, die derselben hochbegabten aber durchwegs früh verstorbenen Zwischengeneration angehörten wie Richard Strigl, waren meines Wissens nie regelmäßige Teilnehmer am Mises-Seminar. Aber Soziologen wie Alfred Schütz, Philosophen wie Felix Kaufmann und Historiker wie Friedrich Engel-Janosi nahmen gleich aktiv an den Diskussionen teil, die wohl oft Probleme der Methoden der Sozialwissenschaft, aber nur selten Spezialprobleme der ökonomischen Theorie (außer denen der subjektiven Wertlehre) behandelten. Fragen der Wirtschaftspolitik wurden dagegen oft, aber immer unter dem Gesichtspunkt des Einflusses der verschiedenen sozialphilosophischen Anschauungen auf sie, behandelt.

All dies schien die seltene geistige Ablenkung eines tagsüber vollauf mit dringenden politischen und wirtschaftlichen Fragen befaßten Mannes, der über Tagespolitik, neuere Geschichte und allgemeine geistige Entwicklung besser informiert war als die meisten anderen. Worüber er jeweils gerade arbeitete, wußte sogar ich nicht, der ihn in jenen Jahren fast täglich beruflich sah; er sprach nie darüber. Noch weniger konnten wir uns vorstellen, wann er denn eigentlich seine Arbeiten schrieb. Ich wußte nur von seiner Sekretärin, daß er von Zeit zu Zeit einen in seiner wie gestochen erscheinenden Handschrift niedergelegten Text mit der Schreibmaschine abschreiben ließ. Viele seiner Arbeiten waren aber bis zur Drucklegung nur in solchen Handschriften vorhanden, und ein wichtiger Aufsatz galt lange als verloren, bis er schließlich unter den Papieren des Herausgebers einer Zeitschrift wieder auftauchte. Über Mises' private Arbeitsmethoden bis zu seiner Verehelichung wußte niemand etwas. Er sprach nicht über seine literarische Tätigkeit, bis er mit der jeweiligen Arbeit fertig war. Obwohl er wußte, daß ich ihm bereitwilligst gelegentlich geholfen hätte, bat er mich nur ein einziges Mal, als ich erwähnte, daß ich in der Bibliothek ein Werk über die Kanonisten konsultieren wollte, auch für ihn ein Zitat in diesem Werk nachzuschlagen. Er selbst hatte, zumindest in Wien, nie einen wissenschaftlichen Assistenten.

Die Probleme, mit denen er sich beschäftigte, waren meist Probleme, bezüglich derer er die vorherrschende Meinung für falsch hielt. Der Leser der folgenden Darstellung könnte den Eindruck gewinnen, daß er gegen die deutsche Sozialwissenschaft an sich voreingenommen war. Das war gewiß nicht der Fall, wenn sich auch bei ihm im Laufe der Zeit eine gewisse begreifliche Verärgerung entwickelte. Aber er schätzte die großen frühen deutschen Theoretiker wie Thünen, Hermann, Mangoldt oder Gossen höher als die meisten seiner Kollegen und kannte sie besser. Auch unter den Zeitgenossen schätzte er einige ähnlich isolierte Figuren wie Dietzel, Pohle, Adolf Weber und Passow sowie den Soziologen Leopold von Wiese und vor allem Max Weber, mit dem sich während dessen kurzer Lehrtätigkeit in Wien im Frühjahr 1918 eine enge wissenschaftliche Beziehung herausgebildet hatte, die viel hätte bedeuten können, wenn Weber nicht so bald gestorben wäre. Aber im ganzen ist nicht zu bestreiten, daß er für die Mehrzahl der Professoren, die an den Lehrstühlen der deutschen Universitäten vorgaben, theoretische Nationalökonomie zu lehren, nur Verachtung hatte. Mises übertreibt nicht in seiner Beschreibung des nationalökonomischen Unterrichtes, den die historische Schule vermittelte. Wie tief das Niveau des theoretischen Denkens damals in Deutschland gesunken war, zeigt, daß es der Vereinfachungen und Vergröberungen des damit gewiß verdienstvollen Schweden Gustav Cassel bedurfte, um in Deutschland der Theorie wieder Gehör zu verschaffen. Mises war trotz seiner exquisiten Höflichkeit im Verkehr und seiner im allgemeinen großen Selbstkontrolle (er konnte auch gelegentlich explodieren) nicht der Mann, seine Mißachtung erfolgreich zu verbergen.

Dies trieb ihn in eine zunehmende Isolierung sowohl unter den Fachvertretern im allgemeinen, aber auch in den lokalen Wiener Kreisen, mit denen er wissenschaftlich und beruflich zu tun hatte. Von den Alters- und Studiengenossen hatte er sich entfremdet, als er sich von den vordringenden sozialpolitischen Ideen abwandte. Ich bekam 25 Jahre später noch zu spüren, was für Aufsehen und Ärger seine scheinbar plötzliche Abkehr von den vorherrschenden Idealen der akademischen Jugend der ersten Jahre des Jahrhunderts verursacht hatte, als mir sein Studienkollege F. X. Weiss (der Herausgeber der kleinen Schriften Böhm-Bawerks) mit unverhohlenem Unwillen und offenbar, um mich vor einem ähnlichen Verrat an den «sozialen» Werten und einer allzu großen Sympathie für den «überholten» Liberalismus zu warnen, von dem Ereignis erzählte.

Wenn Carl Menger nicht verhältnismäßig früh gealtert und Böhm-Bawerk nicht so früh gestorben wäre, hätte Mises wahrscheinlich bei ihnen Unterstützung gefunden. Aber der einzige Überlebende der älteren österreichischen Schule, mein sehr verehrter Lehrer Friedrich von Wieser, war selbst eher ein Fabier, stolz darauf, wie er glaubte, mit seiner Entwicklung der Grenznutzentheorie die wissenschaftliche Rechtfertigung einer progressiven Einkommensteuer geboten zu haben.

Nicht nur war Mises' Rückkehr zum klassischen Liberalismus eine Reaktion gegen den herrschenden Trend. Es mangelte ihm vollständig an der Anpassungsfähigkeit seines brillanten Seminarkollegen Josef Schumpeter, der den jeweiligen intellektuellen Moden schnell entgegenkam, ebenso wie an dessen Freude am «épater le bourgeois». Es schien mir überhaupt, als ob, bei aller gegenseitigen intellektuellen Achtung, diese zwei bedeutendsten Repräsentanten der dritten Generation führender Wiener Nationalökonomen (zur «österreichischen Schule» im engeren Sinn kann man Schumpeter kaum rechnen) sich gegenseitig eher etwas auf die Nerven gingen.

In der Welt werden heute mit einem gewissen Recht Mises und seine Schüler als die Vertreter der österreichischen Schule angesehen, obwohl er nur einen der Zweige vertritt, in die sich Mengers Lehren schon unter seinen Schülern, den persönlich eng befreundeten und verbundenen Eugen von Böhm-Bawerk und Friedrich von Wieser, aufspalteten. Ich gebe dies nur mit einem gewissen Zögern zu, da ich viel von der Tradition Wiesers erwartete, die sein Nachfolger Hans Mayer fortzubilden versuchte. Aber diese Erwartungen haben sich bisher nicht erfüllt, wenn sich jene Anregungen vielleicht auch noch als fruchtbarer erweisen mögen, als sie es bisher gewesen sind. Die heute fast nur in den Vereinigten Staaten aktive «österreichische Schule» ist im Grunde eine Mises-Schule, die auf Ansätze von Böhm-Bawerk zurückgeht, während der Mann, auf den Wieser so große Hoffnungen gesetzt hatte und der seinen Lehrstuhl übernommen hatte, die Versprechungen nie wirklich erfüllt hat.

Dadurch, daß er eigentlich nie eine normale Lehrkanzel seines Faches im deutschen Sprachgebiet bekleidete und bis spät in seine fünfziger Jahre den größeren Teil seiner Arbeitskraft anderen als wissenschaftlichen Tätigkeiten widmen mußte, blieb Mises im akademischen Leben ein Außenseiter. Andere Gründe trugen dazu bei, ihn auch in seiner Stellung im öffentlichen Leben und als Vertreter eines großen sozialphilosophischen Entwurfes zu isolieren. Ein jüdischer Intellektueller, der sozialistische Ideen vertrat, hatte im Wien des ersten Drittels dieses Jahrhunderts seine anerkannte Stellung, die ihm selbstverständlich eingeräumt wurde. Ebenso hatte der jüdische Bankier oder Geschäftsmann, der (schlimm genug!) den Kapitalismus verteidigte, seine selbstverständlichen Rechte. Aber ein jüdischer Intellektueller, der den Kapitalismus rechtfertigte, erschien den meisten als eine Art Monstrosität, etwas Unnatürliches, das man nicht einzuordnen und mit dem man nichts anzufangen wußte. Seine unbestrittene Sachkenntnis imponierte, und man konnte nicht umhin, ihn in kritischen wirtschaftlichen Situationen zu konsultieren, aber begriffen und befolgt hat man seinen Rat selten. Er wurde meist ein wenig als ein Sonderling angesehen, dessen «veraltete» Ansichten «heutzutage» doch nicht praktikabel wären. Daß er sich selbst in langen Jahren harter Arbeit seine eigene Sozialphilosophie ausgearbeitet hatte, verstanden die wenigsten und konnten die Fernerstehenden vielleicht auch nicht verstehen, bis er 1940 in seiner «Nationalökonomie» seine Ideen zum ersten Mal geschlossen darstellte, aber Leser in Deutschland und Österreich nicht mehr erreichen konnte. Wirkliches Verständnis fand er, abgesehen von dem kleinen Kreis junger Theoretiker, die sich bei ihm trafen, und einigen hochbegabten und gleich ihm über die Zukunft besorgten Freunden in der Wirtschaft, die er im folgenden nennt, eigentlich nur bei gelegentlichen Besuchern aus dem Ausland, wie dem Frankfurter Bankier Albert Hahn, dessen geldtheoretische Arbeiten er freilich als eine vergebene Jugendsünde belächelte.

Aber er machte es ihnen auch nicht ganz leicht. Die Argumente, mit denen er seine unpopulären Ansichten stützte, waren nicht immer völlig zwingend, auch wenn etwas Nachdenken hätte zeigen sollen, daß er Recht hatte. Aber wenn er von seinen Schlußfolgerungen überzeugt war und diese in klarer und deutlicher Sprache dargestellt hatte – eine Gabe, die er in hohem Maße besaß – glaubte er, daß dies auch andere überzeugen müsse und nur Vorurteil oder Verbohrtheit ihnen die Einsicht verwehrte. Er hatte zu lang nicht Gelegenheit gehabt, mit ihm intellektuell ebenbürtigen Partnern, die seine grundlegenden moralischen Voraussetzungen teilten, die Probleme zu erörtern, um noch zu sehen, wie kleine Unterschiede in den unausgesprochenen Voraussetzungen zu verschiedenen Ergebnissen führen konnten. Dies zeigte sich in einer gewissen Ungeduld, die leicht ein Nicht-Verstehenwollen vermutete, wo ein ehrliches Mißverstehen seiner Argumente vorlag.

Ich muß gestehen, daß ich selbst oft seine Argumente zunächst nicht völlig überzeugend fand und erst langsam lernte, daß er meistens Recht hatte und sich mit einigem Nachdenken eine Begründung finden ließ, die er nicht ausgesprochen hatte. Und es scheint mir heute auch aus dem Charakter des Kampfes, den er führen mußte, verständlich, daß er zu gewissen überspitzten Behauptungen, wie der vom a priori Charakter der ökonomischen Theorie, getrieben wurde, bei denen ich ihm nicht folgen konnte.

Für Mises' Freunde seiner späteren Jahre, nachdem ihn seine Heirat und der Erfolg seiner amerikanischen Tätigkeit milder gestimmt hatten, mögen die scharfen Ausbrüche in den folgenden Erinnerungen, geschrieben zur Zeit seiner größten Bitterkeit und Hoffnungslosigkeit, als ein Schock kommen. Aber der Mises, der aus den folgenden Seiten spricht, ist durchaus der Mises, den wir im Wien der zwanziger Jahre kannten, zwar ohne die Zurückhaltung, die er im mündlichen Ausdruck stets beachtete, aber der ehrliche und offene Ausdruck dessen, was er fühlte und dachte. Dies mag auch im gewissen Maß seine Vernachlässigung zwar nicht entschuldigen, aber doch erklären. Wir, die wir ihn besser kannten, waren zwar gelegentlich empört aber nicht wirklich verwundert darüber, daß er keine Professur bekam. Er hatte an den Vertretern des Berufes, in den er Eingang suchte, zu viel auszusetzen, um ihnen genehm zu sein. Und er kämpfte gegen eine geistige Welle, die, nicht zuletzt dank seiner Bemühungen jetzt abflaut, die aber damals viel zu stark war, als daß ein einzelner ihr hätte erfolgreich Widerstand leisten können.

Daß sie einen der großen Denker unserer Zeit in ihrer Mitte hatten, haben die Wiener nie verstanden.

Lissabon, Mai 1977   *F. A. von Hayek*

Erinnerungen

von
Ludwig v. Mises

I. Der Historismus

Die erste Quelle, aus der ich politische und historische Belehrung schöpfte, war das Blatt der deutschen Spießer, die «Gartenlaube». Im Drei-Kaiserjahr 1888 brachten ihre Hefte durch zahlreiche Abbildungen unterstützte Darstellungen der Lebensgeschichte der beiden verstorbenen Kaiser. Ich war damals noch nicht sieben Jahre alt und verschlang diese Artikel mit Heißhunger.

Die Geschichtsauffassung dieser Familienzeitschrift trat mir etwas später in abgeklärterer Gestalt in den Werken der kleindeutschen Historiker entgegen. Es konnte mir als Österreicher nicht schwerfallen, die politische Voreingenommenheit dieser Autoren zu erkennen; bald begann ich auch jene Methoden ihrer Stoffbehandlung zu durchschauen, die man unhöflicherweise als Geschichtsfälschung bezeichnet hat. Doch die großdeutschen Historiker waren nicht ehrlicher oder gewissenhafter. Sie waren nur weniger fähig.

Als ich das Gymnasium verließ, zogen mich die Probleme der Wirtschafts-, Rechts-, Verwaltungs- und Sozialgeschichte mehr an als die der politischen Geschichte. Ich entschloß mich daher, nicht, wie ich als Untergymnasiast geplant hatte, Geschichte zu studieren, sondern die Rechte. Das Studium der Rechte war damals an den österreichischen Universitäten in der Weise geordnet, daß von acht Semestern drei bis vier ausschließlich dem rechtsgeschichtlichen Studium vorbehalten waren; in den weiteren vier bis fünf Semestern war der Nationalökonomie und dem öffentlichen Recht ein großer Raum zugewiesen. Die rechtswissenschaftliche Fakultät bot günstigere Gelegenheit für das Studium des Historikers als die philosophische Fakultät. Die ‹politischen› Historiker, die an dieser lehrten, waren Männer dritten und vierten Ranges. Dem einzigen Historiker, den Österreich hervorgebracht hat, Heinrich Friedjung, war der Zutritt zur akademischen Laufbahn versperrt. Der Schwerpunkt des Geschichtsunterrichts an der Wiener Universität lag im Studium der Paläographie.

Damals, um 1900, stand der Historismus auf dem Zenith seiner Erfolge. Die historische Methode galt als die einzig wissenschaftliche Methode der Wissenschaften vom menschlichen Handeln. Mit unsäglicher Verachtung blickte der «historische Volkswirt» von der Höhe seiner historischen Abgeklärtheit auf den «orthodoxen Dogmatiker» hinab. Wirtschaftsgeschichte war die Modewissenschaft. Schmoller galt in deutschen Landen als der große Meister der «wirtschaftlichen Staatswissenschaften»; aus allen Ländern der Welt strömten strebsame Jünglinge seinem Seminar zu.

Ich war noch im Gymnasium, als mir ein Widerspruch in der Haltung des Schmoller-Kreises auffiel. Auf der einen Seite bekämpfte die Schule die positivistische Forderung nach einer aus der historischen Erfahrung aufzubauenden Gesetzeswissenschaft vom Gesellschaftlichen; auf der anderen Seite aber vertrat sie die Auffassung, daß die nationalökonomische Theorie aus der wirtschaftsgeschichtlichen Erfahrung zu abstrahieren sei. Es war erstaunlich, daß diese Inkonsequenz kaum beachtet wurde.

Ein Zweites, das mein Mißfallen erregte, war der Relativismus der Schule, der bei vielen ihrer Vertreter in eine blinde Verherrlichung der Vergangenheit und ihrer Institutionen ausartete. Hatten manche Fortschrittsfanatiker einst alles, was alt war, als schlecht und verdammenswert verurteilt, so lehnte dieser Pseudohistorismus alles Neue ab und pries überschwänglich das Alte. Ich hatte damals noch kein Verständnis für die Bedeutung des Liberalismus, doch ich konnte in dem Umstande allein, daß der Liberalismus eine Errungenschaft des 18. Jahrhunderts war und daß die älteren Zeiten ihn nicht gekannt hatten, kein ausreichendes Argument gegen ihn erblicken. Ich konnte es nicht verstehen, wie man Tyrannis, Aberglauben, Unduldsamkeit «historisch» und «relativistisch» zu rechtfertigen suchte. Ich hielt es für freche Geschichtsfälschung, wenn man die geschlechtliche Sittlichkeit der Vergangenheit der Gegenwart als Muster hinzustellen suchte. Die ärgsten Ausschreitungen fand man auf dem Gebiete der Kirchen- und Religionsgeschichte, auf dem Katholiken und Protestanten eifrig bemüht waren, alles, was ihnen nicht paßte, zu unterschlagen (siehe die Darstellungen der brandenburgisch-preußischen Geschichte vom ‹großen› Kurfürsten bis zum ‹großen› König).

Von der Parteilichkeit der preußischen Geschichtsschreibung stach die Ehrlichkeit der österreichischen Rechtshistoriker wenigstens in einem Punkte erfreulich ab. In der fünfstündigen Vorlesung über österreichische Reichsgeschichte, die für die Juristen des ersten Semesters obligat war, behandelte Professor Sigmund Adler die Geschichte der Fälschung des Privilegium Majus durch Herzog Rudolf den Stifter mit einer Gründlichkeit, die der strengsten Kritik standhalten konnte. Erst Jahrzehnte später hat Ernst Karl Winter den Mut gefunden, dieses Kapitel der österreichischen Vergangenheit zu beschönigen und in dem jung verstorbenen Fürsten einen «Sozialisten» zu entdecken, der das sozialistische Idol der Kleindeutschen, Friedrich Wilhelm I., an Sozialismus übertrifft.

Mir konnte es nicht einleuchten, daß man aus der Behauptung, daß es einmal in grauer Vorzeit Gemeineigentum am Boden gegeben habe, ein Argument gegen den Fortbestand des Sondereigentums ableiten wollte,

4

und daß man Einehe und Familie verwerfen wollte, weil es einmal Promiskuität gegeben habe. Ich konnte in diesen Gedankengängen nichts anderes als Unsinn erblicken.

Ebensowenig konnte ich den entgegengesetzten Standpunkt verstehen, der, charakteristisch genug, nicht selten von denselben Leuten vertreten wurde. Demnach war alles, was im Zuge der Entwicklung lag, auch Fortschritt – *Höherentwicklung* – und daher auch sittlich gerechtfertigt.

Mit dem verlogenen Historismus dieser Schulen hatte der ehrliche Relativismus der nur von Wissensdrang erfüllten Geschichtsforscher nichts gemein. Doch er war logisch nicht besser begründet. Für diese Auffassung gab es keinen Unterschied zwischen zweckmäßiger und zweckwidriger Politik. Was da war, war ein Gegebenes, und der Weise, der die Dinge mit den Augen des Historikers zu betrachten habe, habe die Dinge nicht zu beurteilen, sondern hinzunehmen. Auch der Naturforscher, meinte man, verhielte sich nicht anders gegenüber den Naturerscheinungen.

Es bedarf nicht vieler Worte, um die Verkehrtheit dieses Standpunktes, den noch heute viele Nationalökonomen teilen, aufzuzeigen. Es ist nicht Aufgabe und Beruf der Wissenschaft, Werturteile zu fällen. Doch es ist eine der beiden Aufgaben der Wissenschaft, ja, nach der Ansicht vieler ihre einzige Aufgabe, uns darüber zu belehren, ob die Mittel, die wir zur Erreichung eines Zieles einsetzen, zweckmäßig sind oder nicht. Der Naturforscher wertet nicht die Natur, doch er klärt seine Mitmenschen darüber auf, welcher Mittel sie sich zu bedienen haben, wenn sie bestimmte Ziele erreichen wollen. Die Wissenschaften vom menschlichen Handeln haben die letzten Ziele des Handelns nicht zu werten, doch sie haben die Mittel und Wege, die zur Erreichung dieser Ziele angewendet werden können, auf ihre Zweckmäßigkeit zu prüfen.

Ich habe diese Dinge oft mit Ludo Hartmann und in späteren Jahren auch mit Max Weber und mit Alfred Frances Pribram besprochen. Alle drei waren so sehr im Historismus gefangen, daß es ihnen recht schwer fiel, die Richtigkeit meines Standpunktes zuzugestehen. Schließlich siegte bei Hartmann und bei Weber das feurige Temperament, das sie zu aktiver politischer Betätigung drängte, über ihre philosophischen Bedenken. Pribram, dem dieser Trieb zum Handeln fehlte, ist seinem Qietismus und Agnostizismus treu geblieben. Von ihm konnte man sagen, was Goethe von der Sphinx sagt:

> Sitzen vor den Pyramiden
> Zu der Völker Hochgericht,
> Überschwemmung, Krieg und Frieden –
> Und verziehen kein Gesicht.

An den kleindeutschen Historikern hatte ich besonders die grob materialistische Auffassung der Macht auszusetzen. Macht war für sie Bajonette und Kanonen, und Realpolitik nannten sie eine Politik, die mit keinen anderen Faktoren rechnet als mit militärischen. Alles andere nannten sie Illusionen, Idealismus und Utopismus. Nie haben sie Humes berühmte Lehre, daß alle Regierung auf ‹opinion› gegründet ist, begriffen. In dieser Hinsicht war auch ihr großer Widersacher, Heinrich Friedjung, ganz ihrer Meinung. Wenige Monate vor Ausbruch der russischen Revolution sagte er mir: «Ich verstehe nicht, wenn man mir von der Stimmung der russischen Massen spricht und von der revolutionären Ideologie, die die russische Intelligenz erfüllt. Das ist alles so vage und unbestimmt. Nicht solche Faktoren entscheiden, sondern das Wollen der leitenden Staatsmänner und die Pläne, die sie auszuführen beschließen.» Das war nicht verschieden von der Auffassung des kleinlichen Polizisten Schober (er wurde später österreichischer Bundeskanzler). Schober berichtete gegen Ende 1915 seiner vorgesetzten Behörde, er glaube nicht, daß es in Rußland zu einer Revolution kommen könne. «Wer soll denn diese Revolution machen? Doch nicht jener Herr Trotzki, der im Café Central Zeitungen zu lesen pflegte?»

An der Wiener Fakultät gab es 1900 nur einen Lehrer, den man zur deutschen wirtschaftsgeschichtlichen Richtung zählen durfte. Karl Grünberg hatte eine Zeit lang in Straßburg bei Knapp gearbeitet und dann ein Buch herausgegeben, in dem er die Bauernpolitik der österreichischen Regierung in den Sudetenländern darstellt[1]. Dieses Werk schloß sich in der Form, in der Darstellung und in der Methode der Materialverwendung sklavisch an das Buch Knapps über die alten Provinzen des preußischen Staates[2] an. Es war nicht Wirtschaftsgeschichte, es war auch nicht Verwaltungsgeschichte. Es war ein Aktenauszug, eine Darstellung der Politik, wie sie die Akten zeigen; jeder tüchtige Ministerialbeamte konnte so etwas leicht machen.

Grünbergs Ehrgeiz war es, in Wien ein Zentrum wirtschaftsgeschichtlicher Tätigkeit zu gründen, wie es Knapp in Straßburg geschaffen hatte. Die Schüler Knapps erforschten damals die Bauernbefreiung in den einzelnen deutschen Territorien. Grünberg plante für seine Schüler die Darstellung der Bauernbefreiung in den verschiedenen Teilen Österreichs. Er veranlaßte mich, die Geschichte des gutsherrlich-bäuerlichen Verhältnisses in Galizien zu bearbeiten. Ich suchte dabei, so gut es ging, mich von allzuenger Anlehnung an das Knappsche Schema zu befreien; es ist mir nur zum Teil gelungen, und meine 1902 veröffentlichte Arbeit war weniger

---

[1] *Die Bauernbefreiung und die Auflösung des guts-herrlich-bäuerlichen Verhältnisses in Böhmen, Mähren und Schlesien.* Leipzig 1894.
[2] *Die Bauernbefreiung und der Ursprung der Landarbeiter in den älteren Teilen Preußens.* 2 Bände. Leipzig. 1887 (2. Auflage München – Leipzig 1927).

Wirtschaftsgeschichte als Geschichte der staatlichen Maßnahmen. Auch eine zweite geschichtliche Arbeit, die ich unabhängig von Grünberg, ja gegen seinen Rat, 1905 herausbrachte, war nicht viel besser; sie stellte unter dem Titel «Zur Geschichte der österreichischen Fabriksgesetzgebung»[3] die älteren österreichischen Gesetze zur Einschränkung der Kinderarbeit in Fabriken dar.

Während ich einen großen Teil meiner Zeit diesen Arbeiten zuwendete, entwarf ich Pläne für größere Forschungen. Sie sollten Wirtschafts- und Sozialgeschichte und nicht Aktenauszüge sein. Ich bin nie dazu gekommen, diese Arbeiten zu verwirklichen. Seit ich meine Universitätsstudien beendet habe, fand ich nie wieder Muße für Arbeit in Archiven und Bibliotheken.

Gerade weil ich stets von brennendem Interesse an historischer Belehrung erfüllt war, konnte ich die Unzulänglichkeit des deutschen Historismus früh erfassen. Diesem Historismus war es nicht um wissenschaftliche Probleme zu tun, sondern um Verherrlichung und Rechtfertigung der preußischen Politik und der preußischen Obrigkeitsregierung. Die deutschen Universitäten waren Staatsanstalten und ihre Lehrer Staatsbeamte. Die Professoren empfanden als Staatsbeamte, d. h. sie fühlten als Diener des Königs von Preußen. Wenn sie ihre faktische Unabhängigkeit dazu benutzten, um mitunter Kritik an den Handlungen der Regierung zu üben, so hatte das nicht mehr zu bedeuten als die Nörgelei, die in allen Offiziers- und Beamtenkörpern zu Hause ist.

Der Universitätsbetrieb der «wirtschaftlichen Staatswissenschaften» mußte intelligente und von Erkenntnisdrang erfüllte junge Leute abstoßen. Dagegen übte er eine starke Anziehung auf Schwachköpfe. Es war nicht schwer, in ein Archiv zu gehen und aus einigen Bündeln von Akten eine geschichtliche Arbeit zusammenzukleistern. Bald war die Mehrzahl aller Lehrkanzeln mit Männern besetzt, die nach den in den freien Berufen üblichen Bewertungsmaßstäben als geistig beschränkt zu klassifizieren waren. Man muß sich das vor Augen halten, wenn man verstehen will, wie Männer wie Werner Sombart zu großem Ansehen zu gelangen vermochten. Es galt schon als Verdienst, nicht dumm und ungebildet zu sein.

Der Hochschulunterricht einer apriorischen Wissenschaft stellt besondere Probleme, wenn man am Grundsatze festhalten will, daß der Lehrer sich auch als Forscher zu betätigen hat. Es gibt auf jedem Felde nur sehr wenige Männer, die das überkommene Geistesgut zu mehren wissen. Doch in den aposteriorischen Wissenschaften arbeiten beide Gruppen, die Bahnbrecher und die Nachfolger, mit denselben Mitteln, so daß äußerlich zwischen ihnen keine Scheidung erfolgt. Jeder Professor der Chemie darf

---

[3] vgl. Bibliographie (im Anhang), Nr. II/2.

sich in seinem Laboratorium mit dem großen Bahnbrecher vergleichen; er forscht wie dieser, mögen auch seine Verdienste um den Fortschritt der Wissenschaft bescheidener sein. Doch in der Philosophie, in der Nationalökonomie und – in gewissem Sinne – auch in der Mathematik ist es anders. Wenn man die Zulassung zum akademischen Lehramt an die Bedingung knüpfen wollte, daß der Bewerber die Nationalökonomie durch eigene Forschung bereichert hat, würde man in der ganzen Welt kaum ein Dutzend Professoren auftreiben können. Man muß daher, wenn man die Lehrbefähigung nur dem zuerkennt, der sich selbständig als Forscher betätigt hat, auch Forschung auf verwandten Gebieten gelten lassen. Damit aber macht man die Berufung zum nationalökonomischen Lehramt abhängig von der Betätigung auf anderen Gebieten: Ideen- und Dogmengeschichte, Wirtschaftsgeschichte und besonders Wirtschaftsgeschichte der allerjüngsten Vergangenheit, die man irreführend als Befassung mit den wirtschaftlichen Problemen der Gegenwart bezeichnet.

Die Fiktion, die in der Gelehrtenrepublik alle Professoren als gleich ansieht, duldet es nicht, daß die Lehrer der Nationalökonomie in zwei Klassen zerfallen: in die, die sich als Nationalökonomen selbständig betätigen, und in die, die von der Wirtschaftsgeschichte und Wirtschaftsbeschreibung herkommen. Die Minderwertigkeitskomplexe der «Empiriker» drängen zu einem Kampf gegen die Theorie.

Dieser Kampf erhielt zuerst in Deutschland (später dann auch in vielen anderen Ländern) eine nationalistische Note. In der ersten Hälfte des 19. Jahrhunderts waren die deutschen Professoren im besten Falle Vermittler der Lehren der englischen Nationalökonomen gewesen. Nur wenige, unter ihnen Hermann und Mangoldt, verdienen einen Platz in der Geschichte der Nationalökonomie. Die Ältere Historische Schule war nationalistische Auflehnung gegen den Geist des Westens, und die Jüngere Historische Schule trug in diesen Kampf schon alle Argumente hinein, mit denen der Nationalsozialismus die Verwerfung der westlerischen Ideen verficht. Es gab diesen Universitätslehrern ein besonderes Hochgefühl, die schlechte englische Lehre durch die allein seligmachende deutsche ersetzen zu können. John Stuart Mill war der letzte Engländer, den die deutschen Professoren noch einigermaßen kannten; er war «Epigone» der bösen Klassiker, und man durfte es ihm zugute halten, daß er manche der großen Gedanken der deutschen Nationalökonomie vorausgeahnt hat.

Die «historische Schule der wirtschaftlichen Staatswissenschaften» hat nicht einen einzigen Gedanken hervorgebracht. Sie hat in der Geschichte der Wissenschaften kein Blatt beschrieben. Sie hat achtzig Jahre lang die eifrigste Propagandaarbeit für den Nationalsozialismus geleistet, doch die Ideen für diese Propaganda hat sie nur übernommen, nicht selbst geschaffen. Ihre geschichtlichen Untersuchungen sind methodisch unzulänglich und haben höchstens als unbeholfene Materialveröffentlichungen Bedeutung. Das Schlimmste aber war doch die Verlogenheit und bewußte Unehrlichkeit der Schule. Sie war elende Tendenzliteratur, deren Verfasser immer nach «oben» blickten, um ihre Inspiration von den Herren im Ministerium zu empfangen. Die Professoren haben, so gut es ihre Beschränktheit zuließ, ihren Auftraggebern zu dienen gesucht: erst den Hohenzollern, dann den Marxisten, schließlich Hitler. Ihrem Glauben hat Sombart die prägnanteste Fassung gegeben, als er Hitler als den Träger göttlichen Auftrags bezeichnete, denn «alle Obrigkeit ist von Gott».

Die große Leistung des Historismus, die Geschichtstheorie der Südwestdeutschen Schule der Philosophie, war das Werk anderer Männer. Der Vollender dieses Werks, Max Weber, hat sein ganzes Leben lang gegen jenen deutschen Pseudohistorismus gekämpft.

II. Der Etatismus

Um 1900 herum war jedermann im deutschen Sprachgebiet Etatist oder Staatssozialist. Im Kapitalismus erblickte man eine böse Episode der Geschichte, die nun glücklicherweise für immer erledigt sei. Die Zukunft gehöre dem Staate. Der Staat werde alle Betriebe, die für die Verstaatlichung geeignet seien, selbst übernehmen und die übrigen Unternehmungen derart regeln, daß den Unternehmern Ausbeutung der Arbeiter und der Verbraucher unmöglich gemacht würde. Da man von Nationalökonomie nichts wußte, konnte man das Problem, das der Interventionismus bot, nicht erkennen. Doch wenn man es erkannt hätte, dann wäre man durchaus für Staatssozialismus eingetreten. So aber ließ das Programm darüber im unklaren, ob man Interventionismus oder Staatssozialismus wollte.

Da war das Programm der marxistischen Sozialdemokratie schon klarer. Die Marxisten lehnten in der Theorie den Interventionismus als kleinbürgerlichen Reformismus ab; in der Praxis freilich vertraten sie ein Reformprogramm, das jeder Art von Reformismus entgegenkam. Sie hatten schon lange den Schwerpunkt ihrer Betätigung in die Gewerkschaften verlegt und setzten sich damit über alle Bedenken hinweg, die Marx und seine konsequenten Jünger gegen Gewerkvereine erhoben hatten. Dabei waren sie ängstlich darauf bedacht, sich kein Jota von der Orthodoxie ihres Meisters rauben zu lassen. Der Versuch Bernsteins, die Theorie so zu revidieren, daß der krasse Gegensatz zwischen Marxismus und Parteipraxis gemildert würde, wurde von der Partei verworfen. Doch der Sieg der Orthodoxen war nicht vollkommen. Eine revisionistische Gruppe blieb bestehen; sie fand ihren Ausdruck in den «Sozialistischen Monatsheften».

Die sozialdemokratische Partei forderte den Widerspruch der «Bürger» weniger durch ihr wirtschaftliches Programm heraus als durch die Simplizität ihrer Erklärung aller bestehenden Einrichtungen und durch die Leugnung aller Tatsachen, die ihr nicht in den Kram paßten. Es galt ihr als ausgemacht, daß alles Übel in der Welt vom Kapitalismus herstamme und mit dem Übergang zum Sozialismus verschwinden werde. Die Trunksucht ist ihr ein Produkt des Alkoholkapitals, der Krieg ein Produkt des Rüstungskapitals. Prostitution gibt es nur in der bürgerlichen Gesellschaft. Religion ist eine listige Erfindung der Priester, um die Proletarier gefügig zu machen. Knappheit der wirtschaftlichen Güter kennt nur der Kapitalismus, der Sozialismus wird ungeahnten Reichtum für alle bringen. Nichts aber erregte die «Bürger» stärker als der Punkt der sozialdemokratischen Botschaft, der von der freien Liebe sprach.

Dennoch fand jedermann, daß es im sozialdemokratischen Programm einen «berechtigten Kern» gäbe. Diesen berechtigten Kern sah man in der Forderung nach Sozialreform und in der weiteren Forderung nach Sozialisierung. Alle Regierungen und alle politischen Parteien waren in diesem Sinne von marxistischem Geist erfüllt. Das, was sie vom Programm der sozialdemokratischen Partei trennte, war, daß sie nicht an formelle Enteignung aller Besitzenden und an rein bürokratische Führung aller Betriebe durch den Staat dachten. Ihr Sozialismus war nicht der Lenins, der alle Betriebe nach dem Vorbild der staatlichen Postämter einrichten wollte, sondern ein Sozialismus, der der Zwangswirtschaft des Hindenburgprogramms der zweiten Periode des Ersten Weltkriegs und dem «deutschen» Sozialismus Hitlers entsprach. Formell sollten Privateigentum und Unternehmertum beibehalten werden, doch alle Wirtschaftsführung sollte nach den Weisungen der Obrigkeit geführt werden. Dabei wollten die kirchlichen Sozialisten die christliche Kirche und die Staatssozialisten die Monarchie und die bevorzugte Stellung der Armee beibehalten.

Auch ich war, als ich an die Hochschule kam, durch und durch Etatist. Ich war aber, und das unterschied mich von meinen Kameraden, bewußt antimarxistisch gesinnt. Ich kannte damals nur wenig von den Schriften Marx'. Doch ich kannte die wichtigsten Schriften von Kautsky, war ein eifriger Leser der «Neuen Zeit» und hatte den Revisionismus-Streit mit großer Aufmerksamkeit verfolgt. Die Plattheit der marxistischen Literaten stieß mich ab. Kautsky fand ich geradezu albern. Als ich dann an eingehendes Studium der wichtigsten Werke von Marx, Engels und Lassalle schritt, wurde ich auf jeder Seite zum Widerspruch gereizt. Es schien mir unbegreiflich, wie dieser verballhornte Hegelianismus ungeheure Wirkung zu üben vermochte. Erst später kam ich dahinter, daß es unter den Parteimarxisten zwei Gruppen gab: die, die Marx überhaupt nie studiert hatten und nur einige Kraftstellen aus seinen Büchern kannten, und die, die außer ihren Schulbüchern nur Marx kannten oder als Autodidakten von der ganzen Weltliteratur nur Schriften von Marx gelesen hatten. Zu jener Gruppe gehörte zum Beispiel Max Adler, dessen Marxkenntnis sich auf jene wenigen Seiten beschränkte, in denen Marx die «Überbau-Theorie» entwickelte. Zu dieser Gruppe zählten vor allem die Osteuropäer, die im Marxismus die geistige Führung hatten.

Ich bin im Laufe meines Lebens nahezu allen marxistischen Theoretikern West- und Mitteleuropas begegnet und habe unter ihnen nur einen einzigen Mann gefunden, der über bescheidenes Mittelmaß hinausragte. Otto Bauer war der Sohn eines reichen nordböhmischen Fabrikanten und war auf dem Reichenberger Gymnasium unter den Einfluß jenes Lehrers geraten, der nahezu zwei Jahrzehnte früher Heinrich Herkner den Ideen der Sozialreform zugeführt hatte. Er kam nach Wien an die Universität als überzeugter Marxist. Mit unermüdlichem Fleiß und glänzender Auffassungsgabe ausgestattet, war er mit der deutschen idealistischen Philosophie und mit der klassischen Nationalökonomie wohlvertraut. Er hatte ein ungewöhnlich breites historisches Wissen, das auch die Geschichte der slawischen und orientalischen Völker umfaßte, und war über den Stand der Naturforschung gut unterrichtet. Er war ein ausgezeichneter Redner und konnte sich leicht und schnell in die Behandlung der schwierigsten Probleme einarbeiten. Er war gewiß nicht zum Bahnbrecher geboren, man durfte von ihm keine neuen Theorien und Ideen erwarten; doch er hätte, wäre er nicht Marxist gewesen, ein Staatsmann werden können.

Als junger Mann hatte Bauer sich fest vorgenommen, seiner marxistischen Überzeugung niemals untreu zu werden, niemals dem Reformismus und Revisionismus irgendwelche Konzessionen zu machen, niemals ein Millerand oder ein Miquel zu werden. Niemals sollte ihn jemand an marxistischem Radikalismus übertreffen. In diesem Entschlusse wurde er später durch seine Frau, Helene Gumplowicz, bestärkt. Er ist diesem Vorsatze bis zum Winter 1918/19 treu geblieben. Damals gelang es mir, das Ehepaar Bauer zu überzeugen, daß ein bolschewistisches Experiment in Österreich in kürzester Zeit, vielleicht schon in wenigen Tagen, zum Zusammenbruche führen müßte. Österreich war auf die Zufuhr von Lebensmitteln aus dem Auslande angewiesen, die damals nur durch die Relief-Kredite der vormaligen Feinde ermöglicht wurden. An keinem Tage der ersten neun auf den Waffenstillstand folgenden Monate gab es in Wien einen Lebensmittelvorrat, der für mehr als acht oder zehn Tage ausgereicht hätte. Die Alliierten konnten, ohne einen Finger zu rühren, ein Bolschewikenregime in Wien in kurzer Zeit zur Kapitulation zwingen. Es gab nur wenige Leute in Wien, die diesen Sachverhalt klar erkannten. Alle Kreise waren so sehr von der Unabwendbarkeit des Bolschewismus überzeugt, daß sie nur darauf bedacht waren, sich eine günstige Position im neuen Staatswesen zu sichern. Die katholische Kirche und ihre Anhänger, die christlich-soziale Partei, waren bereit, sich dem Bolschewismus mit jenem Eifer anzubiedern, mit dem die Erzbischöfe und Bischöfe zwanzig Jahre später dem Nationalsozialismus entgegengekommen sind. Die Bankdirektoren und Großindustriellen hofften, als «Betriebsführer» im Bolschewismus gutes Unterkommen zu finden. Ein Herr Günther, industrieller Konsulent der Bodenkreditanstalt, versicherte Otto Bauer in meiner Gegenwart, daß er vorziehen werde, nicht mehr den Aktionären, sondern dem Volke zu dienen. Man kann sich die Wirkung einer derartigen Erklärung vorstellen, wenn man weiß, daß dieser Mann, freilich mit Unrecht, als der beste industrielle Organisator Österreichs angesehen wurde.

Ich wußte, was auf dem Spiele stand. Bolschewismus in Wien hätte nach wenigen Tagen zur Hungersnot und zum Terror geführt, und bald wären irgendwelche plündernde Horden eingebrochen, um in einem zweiten Blutbad die Reste der Wiener Kultur zu vernichten. Ich habe viele Nächte lang mit dem Ehepaar Bauer diese Probleme durchbesprochen, bis es mir endlich gelang, es zu überzeugen. Die gemäßigte Haltung Bauers entschied damals über das Schicksal Wiens.

Bauer war zu klug, um nicht zu erkennen, daß ich recht hatte. Doch er hat mir nie verziehen, daß ich ihn zu einem Millerand gemacht hatte. Die Angriffe der Bolschewiken gingen ihm sehr nahe. Doch sein Haß richtete sich nicht gegen seine Gegner, sondern gegen mich. Er war ein starker Hasser und wählte ein niedriges Mittel, um mich zu vernichten. Er versuchte, die nationalistischen Professoren und Studenten der Wiener Universität gegen mich aufzuhetzen. Der Anschlag mißlang. Ich habe die Bauers seither nicht wieder gesprochen. Ich habe übrigens immer eine zu günstige Meinung von Bauers Charakter gehabt. Als während der Kämpfe im Februar 1934 Minister Fey im Radio erklärte, Bauer hätte die kämpfenden Arbeiter im Stiche gelassen und sei unter Mitnahme von Parteigeldern ins Ausland geflüchtet, hielt ich das für Verleumdung. Ich hätte solche Feigheit diesem Manne nicht zugetraut.

In den ersten zwei Semestern meiner Universitätszeit gehörte ich dem Sozialwissenschaftlichen Bildungsverein an, einer Vereinigung der an nationalökonomischen und soziologischen Fragen interessierten Studenten und einiger älterer Herren, die auf die Verbindung mit Studenten Gewicht legten. Obmann des Vereins war damals Michael Hainisch, der spätere Bundespräsident. Die Mitglieder gehörten allen politischen Parteien an. Die Historiker Ludo Hartmann und Kurt Kaser erschienen oft bei Diskussionen; von sozialdemokratischen Führern nahm Karl Renner ein besonderes Interesse am Verein. Von den Studenten-Mitgliedern sind mir in besonderer Erinnerung geblieben Otto Weininger und Friedrich Otto Hertz. Vom dritten Semester an erlahmte mein Interesse am Verein. Ich fand, daß man durch die Betätigung im Verein zu viel Zeit verlor.

Ich hatte mich mit Feuereifer auf das Studium der Wirtschafts- und Sozialpolitik geworfen. Ich verschlang zunächst kritiklos alles, was in den Schriften der Sozialreformer zu lesen war. Wenn eine sozialpolitische Maßnahme nicht zum gewünschten Erfolg geführt hatte, dann konnte das nur daran liegen, daß sie nicht radikal genug war. Im Liberalismus, der die soziale Reform ablehnte, sah ich eine überlebte Weltanschauung, die man energisch bekämpfen müßte.

Die ersten Zweifel an der Vortrefflichkeit des Interventionismus kamen mir, als ich im fünften Semester meiner Universitätsstudien auf Veranlas-

sung von Professor Philippovich eine Untersuchung über Wohnungsverhältnisse durchführen sollte und als ich, im folgenden Semester, für das
Seminar des Strafrechtslehrers Löffler die Wandlungen des Dienstboten-
rechts im Hinblick auf das damals der Herrschaft noch zustehende Recht,
den Dienstnehmer körperlich zu züchtigen, untersuchen sollte. Es begann
mir klar zu werden, daß alles, was die Lage der arbeitenden Klassen wirklich gehoben hat, ein Werk des Kapitalismus war, und daß die sozialpolitischen Gesetze oft das Gegenteil von dem bewirken, was der Gesetzgeber
durch sie erreichen will.

Doch erst das Studium der Nationalökonomie führte mich zur Erkenntnis der wahren Natur des Interventionismus.

Im Jahre 1908 trat ich der «Zentralstelle für Wohnungsreform» bei.
Das war ein Verein aller jener, die auf eine Verbesserung der unbefriedi-
genden Wohnungsverhältnisse in Österreich hinarbeiten wollten. Ich
wurde dort sehr bald, als Nachfolger des zum Finanzminister ernannten
Professor Robert Meyer, zum Referenten über die geplante Reform der
Gebäudebesteuerung bestellt.

Die ungünstigen Wohnungsverhältnisse Österreichs hatten ihre Ursache in dem Umstande, daß die Steuergesetzgebung dem Großkapital und
dem Unternehmertum die Betätigung auf dem Gebiete des Häuserbaues
unmöglich machte. Österreich war ein Land ohne Boden- und Bauspeku-
lation. Die exorbitante Besteuerung der Aktiengesellschaften und die
Höhe der Umsatzsteuer für Immobilien schloß die kapitalkräftigen Kreise
von der Mitwirkung an der Versorgung des Wohnungsmarktes aus.
Wenn man Abhilfe schaffen wollte, mußte man bei der Aktienbesteue-
rung und bei den Umsatzsteuern einsetzen. Dafür bestand keine Geneigt-
heit. Der Hass gegen Großkapital und Spekulation war zu tief eingewur-
zelt.

Auch die Besteuerung des Ertrags von Wohnhäusern war außerordentlich hoch. In Wien wurden durch die Staats-, Landes- und Gemeindeab-
gaben mehr als 40 % des Bruttoertrages der Gebäude fortgesteuert. Gegen
diese Steuer wurde von den Hauseigentümern und von den Bauhandwer-
kern Sturm gelaufen; sie wurde allgemein für die Höhe der Wohnungs-
mieten verantwortlich gemacht. Die Hauseigentümer waren meist kleine
Geschäftsleute, die ihre Ersparnisse in einem Haus anlegten, das die Sparkassen mit 50 % des gewöhnlich zu hoch geschätzten Wertes belehnten.
Die Baugewerbetreibenden, meist kapitalschwache Handwerker, bauten
entweder im Auftrage dieser Leute oder für eigene Rechnung, um dann
das fertige Gebäude so schnell als möglich an den Mann zu bringen. Beide
Gruppen, Hausherren und Baugewerbetreibende, hatten großen politischen Einfluß, durch den sie eine beträchtliche Ermäßigung der Hauszins-
steuer zu erreichen hofften.

Eine Ermäßigung der Besteuerung der Haus- und Bodenrente der schon vorhandenen Häuser hatte die Mieten nicht ermäßigt, wohl aber das Erträgnis der Objekte und ihren Marktpreis entsprechend erhöht. Der öffentliche Haushalt hatte für den Ausfall von Steuergeldern auf anderen Gebieten Entschädigung suchen müssen. Eine derartige Reform hätte mithin dazu geführt, daß neue Steuern auferlegt worden wären, um den Hauseigentümern ein Geschenk zu machen.

Es war nicht leicht, dieser Auffassung allgemeine Anerkennung zu verschaffen. Mein Gutachten stieß zunächst selbst im Schoße der Finanz-Kommission der Zentralstelle auf Bedenken. Doch bald stellte sich voller Erfolg ein.

Die Betätigung in der Zentralstelle, die bis zum Ausbruch des Krieges ziemlich intensiv war, bot mir große Befriedigung. Neben Robert Meyer arbeiteten dort noch viele ausgezeichnete Volkswirte; so die Brüder Karl und Ewald Pribram, Emil von Fürth, Paul Schwarz, Emil Perels und Rudolf Maresch.

Nur in einem Punkte stand ich stets im Gegensatz zur Meinung der übrigen Mitarbeiter. Mit der Zentralstelle stand eine «Kaiser-Franz-Joseph-Jubiläums-Stiftung für Volkswohnungen» in Verbindung, die über reiche Mittel für den Wohnbau verfügte. Mit diesen Mitteln wurde auch der Bau zweier Männerheime finanziert, die Junggesellen Obdach geben sollten. Ich fand diese Bauten überflüssig. Junge Leute dieser Einkommensklassen pflegten als Untermieter bei Familien zu wohnen. In diesem engen Zusammenleben glaubte man, sittliche Gefahren zu erblicken. Ich war auf Grund der Erfahrungen, die ich als field-worker bei den früher erwähnten, von Philippovich und Löffler angeregten Erhebungen gesammelt hatte, anderer Meinung. Aus diesem Zusammensein erwuchsen wohl mitunter vertraute Beziehungen, doch der normale Abschluß war meist Eheschließung. Bei einer von der Wiener Sittenpolizei durchgeführten Erhebung gaben nur sehr wenige der unter Kontrolle stehenden Mädchen als ersten Verführer den «Zimmerherrn» oder «Bettgeher» an. Dagegen bezeichnete der erfahrene Referent der Polizei die Männerheime als eine Brutstätte der Homosexualität. Ich hielt es daher zumindest für überflüssig, aus den zur Verfügung stehenden Geldern derartige Männerheime zu finanzieren.

Ich konnte mit meiner Auffassung nicht durchdringen. Der Ausgang der Diskussion war übrigens bedeutungslos, da der Krieg die weitere Errichtung derartiger Bauten unmöglich machte. In einem dieser Männerheime lebte zu jener Zeit Adolf Hitler.

III. Das Österreichische Problem

Der vielsprachige Staat der Habsburger hätte eine große Aufgabe lösen können. Er hätte die Verfassung schaffen können, die es Völkern verschiedener Zunge ermöglicht, in einem Staatswesen friedlich zusammen zu leben. Die von Perthaler entworfene Verfassung des Jahres 1867 hat diesen Versuch unternommen. Er mußte scheitern, weil die herrschende Partei, die der Magnaten der Sudetenländer, den liberalen Staat mit allen Mitteln bekämpfte.

So war Österreich um 1900 herum ein Staat, den die Untertanen nicht wollten. Allgemein wurde mit der bevorstehenden Auflösung des Staates, dem das Nationalitätenprinzip die Existenzberechtigung absprach, gerechnet.

Nur in Wien gab es noch eine kleine Zahl von Leuten, die darüber nachdachten, wie man den Staat erhalten könnte. Die Ereignisse, die die Zerstörung der Habsburger Monarchie ausgelöst hat, haben nachträglich gezeigt, daß diese Männer bemüht waren, Europa und die ganze Kulturmenschheit vor einer großen Katastrophe zu bewahren. Doch ihren Bemühungen mußte der Erfolg versagt bleiben, weil es an einer tragfähigen ideologischen Unterlage fehlte.

Dieser Mangel trat deutlich darin zutage, daß niemand Männern, denen die Zukunft Österreichs am Herzen lag, den guten Glauben zubilligen wollte. Man konnte ein «guter», d. h. nationalistischer Deutscher, Tscheche, Pole u. dgl. sein; man konnte als Deutsch-Klerikaler oder als böhmischer Feudalherr national farblos sein und nur an das Wohl der eigenen Landschaft oder Klasse denken. Doch wer österreichisch dachte, konnte nur ein Mensch sein, der sich «oben» beliebt machen wollte. Dabei war es gar nicht wahr, daß die «Krone» den Schwarzgelben den Vorzug gab; sie zog die «gemäßigten» Irredentisten vor.

Niemand konnte sich damals in Wien der Befassung mit den nationalpolitischen Problemen entziehen. Im Sozialwissenschaftlichen Bildungsverein trugen Otto Bauer und Karl Renner die Ideen vor, die sie später in ihren Büchern niederlegten und die zur Ausarbeitung des Programmes der Nationalen Autonomie führten, und Ludo Hartmann brachte Mitteilungen über seine Untersuchungen zum Problem der sprachlichen Assimilation, die leider nie veröffentlicht wurden. Der Professor des Staatsrechts an der Universität, Adolf Bernatzik, lenkte meine Aufmerksamkeit auf das Problem des «nationalen Katasters», der die Grundlage für die Bildung national-einheitlicher Wählerkurien abgeben sollte.

Ich verfolgte alle diese Bestrebungen mit großem Interesse, doch ich zweifelte, ob sie Erfolg haben könnten. Es war nicht zu bestreiten, daß die Völker der Donaumonarchie den Staat zertrümmern wollten. Und war es überhaupt der Mühe wert, für diesen von frivolen, bildungslosen Grafen und von ehrgeizigen, aber charakterlosen Beamten regierten Staat einzutreten? Besonders tiefen Eindruck machten auf alle, die auf die Erhaltung des Staates bedacht waren, die Vorgänge, die zum Sturze des Ministeriums Körber führten. Ernest von Körber war unter den vielen Ministerpräsidenten, die das alte Österreich in den letzten fünfundzwanzig Jahren seines Bestandes regierten, der einzige, der eine Politik der Staatserhaltung verfolgte. Er wurde dabei von seinem glänzend begabten Kabinettschef Rudolf Sieghart unterstützt; Böhm-Bawerk gehörte seinem Kabinett als Finanzminister an. Körber hatte den Staatsanwälten die Weisung erteilt, in der Konfiskation von Zeitungen eine mildere Praxis zu üben. So kam es, daß ein Artikel einer Wiener deutschnationalen Tageszeitung, der das Altarsakrament verunglimpfte, nicht beanstandet wurde. Die Gegner Körbers ergriffen diese Gelegenheit, um ihn zu stürzen. Beichtväter und Hofdamen der Erzherzoginnen waren fieberhaft tätig, um den ‹Juden› Körber (eine seiner Großmütter oder Urgroßmütter war Jüdin gewesen) als Kirchenschänder anzuprangern. Auf diese Weise wurde der letzte Mann, der es ehrlich mit dem Staat meinte, aus dem Amte gedrängt.

Ich muß heute gestehen, daß ich damals die Unzulänglichkeit der österreichischen Staatsverhältnisse zu streng beurteilt habe und daß mir vieles im Auslande, das ich zu jener Zeit doch nur aus Büchern und aus kurzen oberflächlichen Besuchen kannte, in zu rosigem Licht erschien. Doch das ändert nichts am Tatbestand. Der Habsburgerstaat, dem das Nationalitätenprinzip die ideologische Grundlage entzogen hatte, konnte jenes Maß von politischer Mißwirtschaft, das anderen Staaten zumutbar war, nicht aushalten. Fehler, die ein Nationalstaat ertragen konnte, konnten ihm tödliche Wunden zufügen. Falsche Politik mußte ihn schneller zugrunde richten als den englischen oder französischen Staat.

Der Umstand, daß in Österreich Staat und Nation nicht zusammenfielen, regte dazu an, Probleme zu studieren, auf die man in den Nationalstaaten nicht so leicht achten konnte. Der englischen und der französischen Sprache fehlen noch heute die Ausdrücke, die eine korrekte Darstellung der aus diesem Dualismus entspringenden politischen und wirtschaftspolitischen Probleme ermöglichen würden.

Ich habe mich dabei in erster Linie für die nationalpolitischen Konsequenzen des Interventionismus interessiert. Jede einzelne interventionistische Maßnahme muß in einem national gemischten Staate die nationalen Kräfteverhältnisse berühren. Die österreichischen Politiker wußten das sehr genau, und die Verhandlungsberichte des Reichsrates und der Landtage und die Presse enthielten reiches Material darüber. Die volle Tragweite dieser Probleme erkannte ich freilich erst, als ich 1909 in die Wiener Handelskammer eintrat und Mitglied der Handelspolitischen Zentralstelle wurde.

Ich plante, diese Probleme gründlich zu untersuchen. Als ich im Studienjahr 1913–1914 meine ersten Seminarübungen an der Universität abhielt, wählte ich vier junge Doktoren, die die Stellung der Deutschen, der Tschechen, der Polen und der Magyaren zur auswärtigen Handelspolitik des österreichisch-ungarischen Zollsystems und die Maßnahmen studieren sollten, durch die die ungarische Regierung und die autonomen Landesverwaltungen (die ‹Landesausschüsse›) der österreichischen Kronländer darauf hinarbeiteten, innerhalb des Zollgebietes einen administrativen Protektionismus zugunsten ihrer Konnationalen auszubauen. Ich hoffte, daß es mir gelingen würde, noch einen fünften Mitarbeiter für die Behandlung der italienischen Gruppe zu gewinnen. Ich selbst wollte einen zusammenfassenden Bericht schreiben, der mit dem Werk meiner Mitarbeiter veröffentlicht werden sollte.

Von den vier jungen Forschern sind zwei in den ersten Wochen des Krieges gefallen. Der dritte blieb seit den Karpatenkämpfen im Winter 1914/1915 verschollen. Der vierte geriet im Juli 1916 in Wolhynien in russische Gefangenschaft. Man hat von ihm nie wieder gehört.

IV. Die Österreichische Schule der Nationalökonomie

Als ich an die Universität kam, war Carl Menger im Begriffe, seine Lehrtätigkeit zu beenden. Von der Österreichischen Schule der Nationalökonomie war an der Universität nicht viel zu merken. Ich hatte damals auch kein Interesse für sie.

Um Weihnachten 1903 herum las ich zum erstenmal Mengers *Grundsätze der Volkswirthschaftslehre*[4]. Durch dieses Buch wurde ich zum Nationalökonomen.

Ich bin Carl Menger erst viele Jahre später persönlich begegnet. Er war, als ich ihn kennenlernte, schon über siebzig, schwerhörig und von einem Augenübel geplagt. Doch sein Geist war jung und feurig. Ich habe mich immer wieder gefragt, warum dieser Mann die letzten Jahrzehnte seines Lebens nicht besser genutzt hat. Daß er, wenn er nur wollte, noch immer Glänzendes leisten konnte, zeigt der Artikel «Geld»[5], den er dem *Handwörterbuch der Staatswissenschaften* beigesteuert hat.

Ich glaube zu wissen, was Menger entmutigt und frühzeitig zum Verstummen gebracht hat. Sein scharfer Geist hatte erkannt, wohin die Entwicklung Österreichs, Europas und der Welt ging; er sah diese größte und höchste aller Zivilisationen im Eilzugtempo dem Abgrund näher kommen; er hat alle Greuel vorausgeahnt, die wir heute schaudernd erleben. Er wußte, welche Folgen die Abkehr der Welt vom Liberalismus und Kapitalismus nach sich ziehen mußte. Er hat das getan, was er gegen diese Strömungen unternehmen konnte. Seine *Untersuchungen über die Methode der Socialwissenschaften*[6] waren auch als Streitschrift gegen alle jene verderblichen Geistesströmungen gedacht, die von den Lehrkanzeln des großpreußischen Reiches die Welt vergifteten. Er sah, daß sein Kam̃ aussichtslos und hoffnungslos war, und so erfüllte ihn schwarzer ᴦ

---

[4] Wien 1871 (Neudruck als: Carl Menger, *Gesammelte Werke*, hrg. v. F. A. Hayek, Band I. Tübingen 1968).

[5] *Handwörterbuch der Staatswissenschaften*, 3. Auflage, IV. Band, Jena 1909 (Neudruck in Carl Menger, *Gesammelte Werke*, hrg. v. F. A. Hayek, Band IV. Tübingen 1970. S. 1–116).

[6] *…und der Politischen Ökonomie insbesondere*, Leipzig 1883 (Neudruck als: Carl Menger, *Gesammelte Werke*, hrg. v. F. A. Hayek, Band II. Tübingen 1969).

mismus, der seine Kräfte lähmte. Er hat diesen Pessimismus seinem jungen Schüler und Freunde, dem Thronfolger Rudolf, mitgeteilt. Kronprinz Rudolf hat Hand an sich gelegt, weil er an der Zukunft seines Reiches und der europäischen Kultur verzweifeln mußte, nicht etwa wegen einer Frau. Er hat das junge Mädchen, das auch sterben wollte, in den Tod mitgenommen; er ist nicht ihretwillen in den Tod gegangen.

Mein Großvater hatte einen Bruder, der mehrere Jahre vor meiner Geburt gestorben ist. Dieser Bruder, Dr. Joachim Landau, war liberaler Abgeordneter im österreichischen Abgeordnetenhaus und intimer Freund seines Parteikollegen, des Abgeordneten Dr. Max Menger, eines Bruders von Carl Menger. Eines Tages berichtete er meinem Großvater über ein Gespräch, das er mit Carl Menger geführt hatte. Carl Menger, erzählte mir mein Großvater ungefähr um 1910, hätte folgende Äußerung getan: «Die Politik, die die europäischen Mächte verfolgen, wird zu einem fürchterlichen Krieg führen, der mit grauenhaften Revolutionen, mit völliger Vernichtung der europäischen Kultur und mit Zerstörung des Wohlstandes aller Völker enden wird. In Voraussicht dieser unabwendbaren Ereignisse kann man nur die Anlage in gehortetem Gold und etwa noch die in Effekten der beiden skandinavischen Länder empfehlen.» In der Tat hatte Menger seine Ersparnisse in schwedischen Wertpapieren angelegt.

Wer schon vor Erreichung des vierzigsten Lebensjahres so klar das Übel voraussieht, das allem, was er für wert erachtet, die Vernichtung bringen muß, kann dem Pessimismus und der seelischen Depression nicht entgehen. Welch ein Leben, pflegten die alten Rhetoren zu sagen, hätte Priamus gehabt, wenn er schon im Alter von zwanzig Jahren den Fall Iliums vorausgesehen hätte! Carl Menger hatte kaum die erste Hälfte seines Lebens hinter sich, als er die Unabwendbarkeit des Unterganges seines Troja erkannt hatte.

Der gleiche Pessimismus erfüllte alle scharfsichtigen Österreicher. Das war das traurige Privileg des Österreichertums, daß es bessere Gelegenheit bot, das Verhängnis zu erkennen. Schon Grillparzers Melancholie und Verdrossenheit stammten aus dieser Quelle. Das Gefühl, dem kommenden Unheil ohnmächtig gegenüberzustehen, trieb den fähigsten und reinsten aller österreichischen Patrioten, Adolf Fischhof, in die Einsamkeit.

Ich habe begreiflicherweise mit Menger öfter über Knapps *Staatliche Theorie des Geldes*[7] gesprochen. «Das ist», sagte Menger, «die folgerichtige Entwicklung der preußischen Polizeiwissenschaft. Was soll man von einem Volke halten, dessen Elite nach zweihundert Jahren Nationalökonomie solchen Unsinn, der nicht einmal neu ist, als höchste Offenbarung bewundert? Was hat man von einem solchen Volke noch zu erwarten?»

---

[7] Leipzig 1905; 4. Auflage München-Leipzig 1923.

Mengers Nachfolger an der Universität war Friedrich von Wieser. Wieser war ein Mann von hoher persönlicher Kultur, ein feiner Kopf und ein ehrlicher Forscher. Er hatte das Glück, früher als andere das Werk Mengers kennenzulernen, und es ist ihm als Verdienst zuzurechnen, daß er seine Bedeutung sogleich erkannte. Er hat die Lehre in mancher Hinsicht bereichert, doch er war kein schöpferischer Denker und hat im ganzen mehr geschadet als genützt. Er hat den Kern des Subjektivismus nie wirklich erfaßt, und daraus entsprangen viele verhängnisvolle Mißgriffe. Seine Zurechnungstheorie ist unhaltbar. Seine Wertrechnungsideen berechtigen zur Behauptung, daß er gar nicht der Österreichischen Schule zuzuweisen war, sondern eher der Lausanner, die in Österreich in Rudolf Auspitz und Richard Lieben zwei glänzende Vertreter gefunden hat.

Das, was die Österreichische Schule auszeichnet und ihren unvergänglichen Ruhm bilden wird, ist gerade, daß sie eine Lehre vom wirtschaftlichen Handeln und nicht eine Lehre vom wirtschaftlichen Gleichgewicht, vom Nichthandeln, ist. Auch die Österreichische Schule verwendet die Gedankenbilder des Ruhezustandes und des Gleichgewichts, ohne die nationalökonomisches Denken nicht auskommen kann. Doch sie ist sich stets des bloß instrumentalen Charakters dieser – und aller anderen – Gedankenbilder bewußt. Sie will die Preise erklären, die auf den Märkten wirklich gezahlt werden, und nicht bloß Preise, die unter gewissen, nie realisierbaren Bedingungen gezahlt werden würden. Sie lehnt die mathematische Methode nicht etwa aus Unkenntnis der Mathematik oder aus Abneigung gegen mathematische Exaktheit ab, sondern weil sie kein Gewicht auf die Detailausmalung des Zustandes eines hypothetischen statischen Gleichgewichts legt. Sie hat sich nie der verhängnisvollen Illusion hingegeben, daß Werte gemessen werden könnten. Sie hat nie verkannt, daß alle statistischen Daten lediglich der Wirtschaftsgeschichte angehören und mit Wirtschaftstheorie nichts zu tun haben.

Weil die österreichische Nationalökonomie eine Lehre vom menschlichen Handeln ist, darf man ihr auch Schumpeter nicht zuzählen. In seinem ersten Buche bekennt sich Schumpeter charakteristischerweise zu Wieser und zu Walras und nicht zu Menger und Böhm. Nationalökonomie ist ihm eine Lehre von den «ökonomischen Quantitäten» und nicht eine Lehre vom Handeln der Menschen. Seine *Theorie der wirtschaftlichen Entwicklung*[8] ist ein typisches Produkt der Gleichgewichtstheorie.

Es ist übrigens notwendig, die Mißverständnisse zu beseitigen, die der Ausdruck «Österreichische *Schule*» hervorrufen kann. Weder Menger noch Böhm haben eine Schule in dem Sinne gründen wollen, den man die-

---

[8] Leipzig 1912 (erschienen 1911); 5. Auflage (unveränderter Neudruck der 2. Auflage aus 1926) Berlin 1952.

sem Ausdruck in Universitätskreisen beizulegen pflegt. Sie haben nie versucht, im Seminar junge Leute zu blinden Anhängern abzurichten und für die Unterbringung solchen Nachwuchses auf Kathedern zu sorgen. Sie haben gewußt, daß man durch Bücher und durch den akademischen Unterricht wohl das Verständnis für die Erfassung der nationalökonomischen Probleme zu fördern und damit der Gesellschaft einen großen Dienst zu leisten vermag, daß aber Nationalökonomen nicht erzogen werden können. Als Bahnbrecher und schöpferische Denker waren sie sich klar darüber, daß man den wissenschaftlichen Fortschritt nicht organisieren und Neuerung nicht planmäßig züchten kann. Sie haben nie versucht, für ihre Theorien Propaganda zu treiben. Das Wahre wird sich schon durch seinen eigenen Gehalt durchsetzen, wenn die Menschen die Fähigkeit haben, es zu erfassen; wenn ihnen aber diese Fähigkeit abgeht, dann hilft es nichts, Leute, die den Inhalt und die Tragweite einer Lehre nicht begreifen können, durch unsachliche Mittel zu einem Lippenbekenntnis zu bestimmen.

Menger hat sich nie bemüht, seinen Fakultätskollegen jene Gefälligkeiten zu erweisen, die durch Gegendienste bei der Erstattung von Besetzungsvorschlägen erwidert werden. Böhm hätte als Minister und Exminister Protektion üben können; er hat es immer verschmäht. Menger hat mitunter – ohne Erfolg – den Versuch gemacht, die Habilitation von Leuten zu verhindern, die, wie z.B. Zwiedineck, nicht ahnten, worauf es in der Nationalökonomie ankommt. Böhm hat nicht einmal das versucht. Er hat die Berufung von Gottl und von Spann an die Brünner Technische Hochschule eher gefördert als gehindert.

Die Stellung Mengers zu diesen Fragen beleuchtet am besten eine Aufzeichnung, die Hayek bei der Durchsicht des wissenschaftlichen Nachlasses von Menger aufgefunden hat. Es heißt da: «In der Wissenschaft gibt es nur ein sicheres Mittel für den endlichen Sieg einer Idee: daß man jede gegnerische Richtung sich vollständig ausleben lasse.» Schmoller, Bücher und Lujo Brentano haben anders gedacht. Sie haben jedem, der ihnen nicht blind folgte, die Möglichkeit genommen, sich an reichsdeutschen Hochschulen zu betätigen.

So kam es, daß die Lehrkanzeln der österreichischen Hochschulen dem Nachwuchs des deutschen Historismus in die Hände fielen. Alfred Weber und Spiethoff bekleideten hintereinander eine Prager Lehrkanzel, ein gewisser Guenther wurde später Ordinarius in Innsbruck. Ich erwähne das alles nur, um Franz Oppenheimers Behauptung, die Grenznutzenschule monopolisiere die Lehrkanzeln der nationalökonomischen Theorie, ins rechte Licht zu setzen. Schumpeter war mehrere Jahre hindurch Ordinarius in Bonn. Das war der einzige Fall, in dem eine Hochschule des deutschen Reiches einen Lehrer bestellt hat, der der modernen Nationalökonomie zuzuzählen war. Unter den vielen hundert Männern, die zwischen 1870 und 1934 an den deutschen Hochschulen als Ordinarien Wirtschaftsfächer lehrten, befand sich kein einziger, der mit den Arbeiten der österreichischen, der Lausanner oder der modernen angelsächsischen Richtung vertraut war. Niemals wurde ein Privatdozent habilitiert, der im Verdachte stand, einer dieser Schulen anzugehören. Knies und Dietzel waren die letzten Nationalökonomen auf deutschen Kathedern. An den Universitäten des Deutschen Reiches wurde nicht Nationalökonomie, sondern Marxismus oder Nationalsozialismus gelehrt, so wie an den Universitäten des zaristischen Rußland nicht Nationalökonomie, sondern ‹legaler› Marxismus oder Wirtschaftskunde gelehrt wurde. Dem Totalitätsanspruch der deutschen ‹wirtschaftlichen Staatswissenschaften› schien schon der Umstand, daß in Österreich einige Professoren und Privatdozenten Nationalökonomie lehren durften, unerträglich.

Die Österreichische Schule der Nationalökonomie war in dem Sinne österreichisch, daß sie dem Boden der österreichischen Kultur entstammte, die der Nationalsozialismus zerstampft hat. Auf diesem Boden konnte Franz Brentanos Philosophie Wurzeln schlagen, auf diesem Boden erwuchsen Bolzanos Wissenschaftslehre, Machs Empirismus, Husserls Phänomenologie und Breuers und Freuds Psychoanalyse. In Österreich war die Luft frei vom Spuk der Hegelschen Dialektik. In Österreich hielt man es nicht für nationale Pflicht, die Ideen Westeuropas zu «überwinden». In Österreich wurden Eudämonismus, Hedonismus und Utilitarismus nicht geächtet, sondern studiert.

Es wäre ein Irrtum anzunehmen, daß die österreichische Regierung alle diese großen Bewegungen gefördert hätte. Im Gegenteil. Sie hat Bolzano und Brentano das Lehramt entzogen, sie hat Mach kaltgestellt, sie hat sich um Husserl, Breuer und Freud überhaupt nicht gekümmert. Sie hat in Böhm-Bawerk den tüchtigen Beamten geschätzt, nicht den Nationalökonomen.

Böhm war Professor in Innsbruck. Er wurde dieses Amtes bald überdrüssig; die geistige Öde dieser Universität, dieser Stadt und des Landes Tirol wurden ihm unerträglich. Er zog die Tätigkeit im Finanzministerium in Wien vor. Als er endgültig aus der Regierung ausgeschieden war, wurde ihm eine einträgliche Sinekure angeboten. Er schlug sie aus und bat um ein persönliches Ordinariat an der Wiener Universität.

Es war ein großer Tag in der Geschichte der Wiener Universität und in der Entwicklung der Nationalökonomie, als Böhm sein Seminar eröffnete. Für das erste Semester wählte Böhm die Grundlagen der Wertlehre als Thema. Otto Bauer suchte den werttheoretischen Subjektivismus vom marxistischen Standpunkt zu zerpflücken. Die Diskussion zwischen Bauer und Böhm – die übrigen Teilnehmer standen im Hintergrunde –

füllte das ganze Wintersemester. Bauers glänzende Begabung zeigte sich im schönsten Lichte; er erwies sich als würdiger Gegenspieler des großen Meisters, dessen Kritik der marxistischen Nationalökonomie den Todesstoß versetzt hatte. Ich glaube, daß auch Bauer sich am Ende der Debatte eingestehen mußte, daß die Arbeitswertlehre unhaltbar ist. Er hat seine Absicht, eine Entgegnung auf Böhms Marxkritik zu schreiben, fallen lassen. Der erste Band der Marx-Studien brachte eine Aufsehen erregende Anti-Kritik von Hilferding; Bauer hat mir offen zugegeben, daß Hilferding die Probleme, um die es sich handelte, nicht begriffen hatte.

Ich habe an Böhms Seminarübungen bis zu meiner im Jahre 1913 erfolgten Habilitation regelmäßig teilgenommen. Die beiden letzten Wintersemester, in denen ich noch dem Seminar angehörte, waren der Erörterung meiner Geld- und Umlaufsmitteltheorie gewidmet. In dem einen wurde meine Erklärung der Kaufkraft des Geldes, in dem zweiten meine Konjunkturtheorie behandelt. Ich werde auf die Meinungsverschiedenheit, die zwischen Böhm und mir in diesen Punkten hervortrat, noch zu sprechen kommen.

Böhm war ein glänzender Seminarleiter. Er betrachtete sich im Seminar nicht als Lehrer, sondern als Vorsitzender, der mitunter auch selbst in die Debatte eingreift. Die Redefreiheit, die er den Teilnehmern einräumte, wurde leider gelegentlich von Schwätzern mißbraucht; besonders störend wirkte der Unsinn, den Otto Neurath mit fanatischer Eindringlichkeit vorzubringen pflegte. Eine schärfere Handhabung der Rechte des Vorsitzenden hätte oft wohltätig gewirkt. Doch Böhm wollte davon nichts wissen. In der Wissenschaft müsse man jeden ausreden lassen, meinte er. Er war darin mit Menger einer Meinung.

Böhms Lebenswerk liegt in prachtvoller Geschlossenheit vor uns. Seine meisterhafte Kritik der älteren Nationalökonomie und seine eigene Lehre sind uns zum dauernden Besitz geworden. Dennoch muß man feststellen, daß Böhm noch viel mehr hätte geben können, wenn die Umstände es zugelassen hätten. In seinen Seminarreden und im persönlichen Gespräch entwickelte er Gedanken, die weit über das hinausführten, was seine Schriften enthalten. Doch seine physische Konstitution machte es ihm unmöglich, neue große Arbeiten zu planen. Seine Nerven waren schwerer Arbeit nicht mehr gewachsen. Schon das zweistündige Seminar griff ihn an. Nur durch größte Regelmäßigkeit der Lebensweise konnte er die Kräfte sammeln, die er für die Wissenschaft brauchte. Seine Arbeit gehörte ganz der Nationalökonomie. Erholung und Genuß fand er in den Philharmonischen Konzerten.

Auch Böhm-Bawerks Lebensabend wurde durch die Sorge um die Zukunft Österreichs und seiner Kultur verdüstert. Wenige Wochen nach Ausbruch des Krieges erlag er einem Herzschlag. Als ich an einem der er-

24

sten Septembertage am Abend von einem Patrouillenritt zu meiner östlich von Trampol(Ternopol)in Feuerstellung stehenden Batterie zurückkehrte, händigte man mir ein Zeitungsblatt ein, das die Todesnachricht enthielt.

V. Erste geldtheoretische Arbeiten

In seinem 1903 veröffentlichten Buche *Das Geld* hatte Helfferich die Behauptung aufgestellt, daß die Grenznutzentheorie gegenüber dem Problem des Geldwerts versage. Ich wollte die Stichhaltigkeit dieses Einwandes prüfen und wendete mich seit 1906 mit großem Eifer den Geld- und Bankproblemen zu. Ich studierte die großen Werke der Theorie und die Währungsgeschichte der europäischen Länder, der Vereinigten Staaten von Amerika und Britisch-Indiens und suchte mich in dem nahezu unübersichtlichen Schrifttum zurechtzufinden.

Als erstes Ergebnis veröffentlichte ich im XVI. Bande der *Zeitschrift für Volkswirtschaft, Sozialpolitik und Verwaltung* einen Aufsatz über «die wirtschaftspolitischen Motive der österreichischen Valutaregulierung»[9]. Im Herbste 1908 fragte Edgeworth bei Philippovich an, ob er nicht für das *Economic Journal* einen kurzen, höchstens zehn Seiten umfassenden Beitrag über die Devisenpolitik der Österreichisch-Ungarischen Bank schreiben wolle. Philippovich lehnte ab und empfahl mich. Ich nahm an, beschloß aber, den Gegenstand auch ausführlicher in deutscher Sprache zu behandeln. Dieser Aufsatz «Das Problem gesetzlicher Aufnahme der Barzahlungen in Österreich-Ungarn», der im Frühjahr 1909 in *Schmollers Jahrbuch*[10] erschien, löste bei der mächtigen österreichischen Inflationistenpartei stürmischen Protest aus.

Meine Überlegungen hatten mich schon zur Zeit, als ich diese drei Aufsätze schrieb, dazu geführt, die schwersten Mängel der herrschenden geldtheoretischen Auffassungen zu erkennen. Ich war von der Unhaltbarkeit der Zahlungsbilanztheorie und der Lehre von der «Elastizität» der bankmäßigen Zahlungsmittel überzeugt. Doch kurze Aufsätze, die wirtschaftshistorischen und wirtschaftspolitischen Problemen gewidmet sind, bieten nicht Gelegenheit, diese großen Fragen zu entscheiden. Ich mußte diese Ausführungen für das theoretische Werk, das ich plante, aufsparen und mich vorläufig noch auf dem Boden der allgemein anerkannten Auffassungen bewegen.

Ich übergehe hier das, was ich zur Kritik der Knappschen Ausführun-

---

[9] vgl. Bibliographie, II/3.
[10] vgl. Bibliographie, II/6.

gen über die Devisenpolitik der Bank gesagt habe. Die Lehren Knapps, die damals in Deutschland und in Osteuropa von allen bewundert wurden, sind längst vergessen. Wer aber einmal die Geschichte des Verfalls des deutschen Denkens im allgemeinen und des deutschen ökonomischen Denkens im besonderen studieren wird, wird das merkwürdigste und denkpsychologisch interessanteste Problem in den Teilen der Knappschen Theorie finden, die ich im VI. Abschnitt meines Aufsatzes über die Barzahlungen kritisiert habe. Knapp sprach z.B. von Verlusten, die der Bank durch die Devisenpolitik erwüchsen, und sagte, daß der Staat sie für diese Verluste schadlos hielte. Ein Blick in die Bilanzen und Geschäftsabschlüsse der Bank hätte ihnen zeigen müssen, daß die Devisengeschäfte der Bank große Gewinne brachten und daß der Staat einen Teil dieser Gewinne an sich zog.

Das Problem, das mein Aufsatz behandelte, war die *Frage* der *gesetzlichen* Aufnahme der Bareinlösung der Noten der Österreichisch-Ungarischen Bank. Seit einer Reihe von Jahren hatte die Bank ohne Zögern und ohne Unterschied jedes an sie gestellte Begehren um Überlassung von ausländischen Zahlungsmitteln zu einem Kurse befriedigt, der in keinem Falle die gesetzlich festgelegte Goldparität der Krone um mehr als jenes Maß überschritt, das in den effektiv in Gold bar zahlenden Ländern als Abweichung des Kurses bis zum oberen Goldpunkt bezeichnet wird. Damit waren die Barzahlungen in Österreich-Ungarn de facto aufgenommen. Es wurde nun erörtert, ob man diesen faktischen Zustand in einen legalen verwandeln solle. *Für* diese Umwandlung sprach der Umstand, daß die ausländischen Geldmärkte für Anleihen, die auf Kronen lauteten, günstigere Bedingungen gewährten, wenn die Bareinlösung der Noten nicht mehr vom Belieben der Bank abhängig war. Dieses Argument wurde besonders von Ungarn ins Treffen geführt. Ungarn erblickte in der ablehnenden Haltung der Bankleitung und mancher österreichischer Kreise ein Bestreben, seine Abhängigkeit vom Wiener Geldmarkte zu verewigen und es ihm unmöglich zu machen, die billigeren Geldquellen des Westens aufzusuchen. *Gegen* die gesetzliche Sanktionierung des bestehenden faktischen Zustandes sprachen überhaupt keine triftigen Gründe.

Die Gegner der gesetzlichen Aufnahme der Barzahlungen hatten eine unhaltbare Theorie zur Stützung ihres Standpunktes zurechtgezimmert. Eine *de lege* zur Bareinlösung der Noten verpflichtete Bank, meinten sie, sei genötigt, sich im Diskontsatz den auf dem Weltgeldmarkte herrschenden Verhältnissen anzupassen. Doch die Österreichisch-Ungarische Bank befinde sich, dank dem Umstande, daß sie nicht verpflichtet sei, ihre Noten einzulösen, in einer günstigeren Lage. Sie könne zwischen legitimem und illegitimem Bedarf an Devisen unterscheiden. Als illegitim sei der Bedarf jener anzusehen, die Geld ins Ausland transferieren wollten, um eine im Ausland herrschende Zinsverteuerung auszunutzen. Diesen illegitimen Bedarf der Zinsfußarbitrage lasse die Bank grundsätzlich unberücksichtigt; sie befriedige nur den legitimen Bedarf. Sie könne damit die Zinsfußerhöhung, die bei allgemeiner Verpflichtung zur Barzahlung nicht zu umgehen wäre, ganz vermeiden oder zumindest hinausschieben.

Diese Doktrin war ganz falsch. Die Bank hat keinen Unterschied zwischen legitimer und illegitimer Nachfrage nach Devisen gemacht, sie hat seit 1900 jede an sie gestellte Anforderung voll befriedigt. Wäre sie aber so vorgegangen, wie die Gegner der gesetzlichen Barzahlung es beschrieben haben, dann hätten die abgewiesenen Zinsfußarbitrageure versucht, auf dem offenen Markte Devisen zu erstehen; diese Nachfrage hätte den Kurs erhöhen und die österreichische Valuta verschlechtern müssen.

Die Doktrin war weder neu noch spezifisch österreichisch. Sie war die alte Irrlehre, die man 15 und 20 Jahre früher als Lehre von den Vorzügen der französischen Goldprämienpolitik vorgetragen hatte. Doch die französischen Anhänger der Goldprämienpolitik haben nicht bestritten, daß die Anwendung dieser Politik zu einem Ansteigen der Valutenkurse führe, und sie haben diese Politik für Frankreich empfohlen, das damals eines der großen Geldgeberländer war, und nicht für ein Geldnehmerland, wie Österreich-Ungarn es war. Für ein Schuldnerland hätte die Lockerung der Beziehungen zu den ausländischen Geldmärkten zu einer Verteuerung, nicht zu einer Verbilligung des Kredits führen müssen.

Ich hatte meinen Aufsatz gerade vollendet, als ich durch eine Einladung des Generalsekretär-Stellvertreters der Bank überrascht wurde. Ich suchte Herrn Waldmayer in seinem Büro auf. Er habe, sagte er, von Professor Landesberger gehört, daß ich für eine Studie über die Politik der Bank Material benötige und wolle es mir gerne zur Verfügung stellen. Freilich müßte ich mich dann verpflichten, meine Arbeit vor der Drucklegung der Bankleitung vorzulegen. Ich lehnte höflich, doch sehr entschieden ab. Ich kannte damals Professor Landesberger überhaupt nicht, wußte freilich, daß er ein intimer Freund von Philippovich war; ich konnte vermuten, daß Philippovich ihm einen Einblick in meinen Aufsatz gewährt oder ihm von seinem Inhalt erzählt hatte.

Aus dem Gespräch mit Herrn Waldmayer gewann ich den Eindruck, daß die Bankleitung an der Aufrechthaltung des bestehenden Zustandes ganz besonders interessiert sei. Ich konnte mir das nicht erklären. Ich erwartete wohl, daß man gelegentlich der gesetzlichen Aufnahme der Barzahlungen der Bank das Recht, einen Teil ihrer Reserve in zinstragenden Guthaben und Wertschriften des Auslandes anzulegen, quantitativ beschneiden werde, und daß dies die Bankbruttoerträgnisse kürzen werde. Doch dadurch hätten vor allem die Aktionäre zu leiden gehabt und die am Erträgnisse der Bank beteiligten beiden Staaten. Die Finanzminister hätten voraussichtlich durch entsprechende Abänderung der Gesetzesvorlagen dafür Sorge getragen, daß der Ausfall ganz oder doch zum größten Teil die Aktionäre träfe. Um das Interesse der Aktionäre kümmerte sich niemand, am wenigsten die von den beiden Regierungen bestellte Bankleitung. Woher also dieses brennende Interesse der Bank? Ich hatte, als ich das Büro des Herrn Waldmayer verließ, die Empfindung, daß er mir einen beträchtlichen Geldbetrag angeboten hätte, wenn ich nur etwas weniger abweisend gewesen wäre. Die Bank verfügte offiziell über einen Pressefond für derartige Zwecke.

Erst mehrere Jahre später wurde mir Aufklärung zuteil. Als ich im Jahre 1912 einen Artikel über das neue (vierte) Privilegium der Bank[11] veröffentlichte und darob wieder von den Gegnern der Barzahlungen angegriffen wurde, hat Böhm mich über die Ursachen des Widerstandes der Bankleitung unterrichtet. Ein Teil der Erträgnisse der Anlage in zinstragenden Auslandsforderungen, erzählte Böhm, werde in der Bank auf ein besonderes geheimes Konto gebucht, über dessen Verwendung der Gouverneur allein verfüge. Aus diesem Fonds würden den ohnehin schon hochbesoldeten leitenden Funktionären der Bank, Regierungsbeamten, die mit der Überwachung der Bank betraut seien, Journalisten, Politikern und mitunter auch anderen Personen hübsche Remunerationen gezahlt. Er, Böhm, hätte von der Existenz dieses Fonds nur zufällig dadurch Kunde erhalten, daß der ungarische Finanzminister sich darüber beschwert habe, daß der Anteil, der Österreichern aus ihm zuflösse, zu groß sei im Verhältnis zu dem ungarischen Staatsbürgern zufließenden. Die ganze Angelegenheit hätte ihn im höchstem Maße angewidert und ihm seine Stellung und überhaupt jede Betätigung in der Verwaltung verleidet. Seinem Wunsche nach Beseitigung des Unfugs hätte sich jedoch der ungarische Finanzminister widersetzt. «Ich halte mich für verpflichtet», schloß Böhm seine Ausführungen, «Ihnen diese Mitteilungen zu machen, damit Sie die Hintergründe des gegen Sie geführten Kampfes verstehen.» Ich mußte Böhm versprechen, über die Sache zu schweigen, wenn ich nicht von anderer Seite Kunde erhalten sollte. Ich habe bis heute geschwiegen, obwohl mir einige Jahre nach dem Kriege der ehemalige Pressereferent der Bank aus eigenem Antrieb in offenherzigster Weise über die Verwendung des Fonds Mitteilungen gemacht hat. Die Beträge waren bescheidener als die des berühmten Bismarckschen Reptilienfonds; sie waren jedoch reichlich genug, um den energischen Widerstand der Bankleitung und mancher anderer Herren gegen eine Reform zu erklären, die diesen Quell hätte versiegen lassen können.

Die schärfsten Angriffe gegen meine Ausführungen kamen von Walther

---

[11] vgl. Bibliographie, II/11.

Federn, dem Herausgeber einer volkswirtschaftlichen Wochenschrift, des *Österreichischen Volkswirt*. Federn hatte kleine Posten in Bankbüros bekleidet und war dann Börsenberichterstatter verschiedener Blätter geworden; seit einigen Jahren gab er den *Volkswirt* heraus, den ein ihm befreundeter Bankdirektor namens Rosenbaum finanzierte. Federn war nationalökonomisch ungebildet und hatte, abgesehen von Knapps *Staatlicher Theorie des Geldes,* kaum je ein nationalökonomisches Buch gelesen. Er hatte nur sehr unzureichende Kenntnis der volkswirtschaftlichen Zustände und der Statistik, war ganz kritiklos und konnte nicht selbständig denken; man hielt ihn allgemein für geistig beschränkt, doch lobte man seinen flüssigen Stil. Die Haupteinnahmsquelle seines Blattes, das damals nur wenige Abonnenten hatte, bildeten, abgesehen von den Beiträgen Rosenbaums, die «Pauschalien» genannten Vergütungen, die die Banken und die großen Aktiengesellschaften den Tagesblättern und den volkswirtschaftlichen Wochen- und Monatsschriften als Entschädigung für die Aufnahme ihrer Inserate und für die im redaktionellen Teile enthaltenen Berichte über ihre Geschäftsabschlüsse und über ihre Generalversammlungen zu zahlen pflegten. An die Gewährung dieser Pauschalien wurden keine besonderen Bedingungen geknüpft. Die Blätter mußten wohl befürchten, daß ein Unternehmen, das sie besonders gehässig angriffen, die weitere Zahlung einstellen würde, doch maßvolle Kritik der die Pauschalien spendenden Unternehmungen war zulässig.

Nicht diese Pauschalien raubten der Wiener Wirtschaftsjournalistik die Unabhängigkeit. Ihre Unwissenheit machte die Journalisten unfrei. Die große Zeit der Wiener Wirtschaftsjournalistik war längst vorbei. Die ausgezeichneten Volkswirte, die zwischen 1860 und 1900 mitgearbeitet hatten – auch Menger war darunter –, fanden keinen würdigen Nachwuchs. Nur noch in der Redaktion der *Neuen Freien Presse* und in der des *Neuen Wiener Tagblattes* saßen Volkswirte, die Kenntnisse und Denkvermögen hatten. Die übrigen Redakteure waren unwissend und konnten nicht denken. Sie waren auf die Information durch die Interessenten angewiesen. Die Börsenberichterstatter ließen sich durch die Börsenvertreter der großen Banken informieren. Wenn eine Regierungsverfügung erging oder wenn eine wichtige Geschäftstransaktion vollzogen wurde, dann eilten die Journalisten zu dem zuständigen Regierungsbeamten oder zum betreffenden Unternehmer; die Auskunft, die ihnen da zuteil wurde, setzten sie dann dem Publikum vor. Die Regierung hatte es nicht nötig, die Journalisten zu bestechen; es genügte, sie zu informieren. Die Journalisten fürchteten nichts so sehr, als daß man sie einen Tag später als andere ihrer Zunft informieren könnte. Um dieser Strafe zu entgehen, waren sie immer bereit, den Regierungsstandpunkt zu vertreten. Ihre nationalökonomische Unwissenheit bot dabei den Vorteil, daß sie das ohne *sacrificium intellectus* leisten konnten.

30

Federn hatte ungefähr zwei Jahre vor der Veröffentlichung meines Aufsatzes sich von Funktionären der Österreichisch-Ungarischen Bank über ihre Devisenpolitik informieren lassen und hatte das, was er dort erfahren hatte, in mehreren Artikeln in der Wiener Tageszeitung *Die Zeit* und in der *Frankfurter Zeitung* veröffentlicht. Er war auf diese Arbeiten sehr stolz, er hielt sie für eine große journalistische Leistung, und meine Kritik verletzte seine Eitelkeit. Die fanatische Heftigkeit seiner Angriffe ist vor allem darauf zurückzuführen. Natürlich spielte auch das Bestreben, den Funktionären der Bank und des Finanzministeriums gefällig zu sein, eine Rolle. Doch Federn hat den Standpunkt der Bank nicht darum vertreten, weil er von ihr Pauschalien bezog. Ich bin auch überzeugt, daß er nicht wußte, daß diese Subvention aus einem illegalen Geheimfonds stammte, der durch die gesetzliche Festlegung der Barzahlungen gefährdet werden konnte. Der einzelne Empfänger von Bankgeldern konnte guten Glaubens sein. Die Bank verwendete auch aus den offen verbuchten Eingängen Mittel für Pressezwecke. Wer nicht den gesamten von ihr zugunsten der Presse und anderer Protektionskinder verausgabten Betrag kannte, durfte annehmen, daß die Dotierung des Pressefonds legal war.

Als Böhm mir das Geheimnis des Dispositionsfonds der Bank enthüllte, sah ich mich vor ein neues Problem gestellt. Ich war damals schon mehrere Jahre in der «Praxis». Ich hatte je mehrere Monate im staatlichen Finanzdienst und in der Advokatur und zwei Jahre bei Gericht gearbeitet und war seit 1909 Funktionär der Handelskammer. Ich durchschaute die Korruption, die eine unvermeidliche Begleiterscheinung des Interventionismus ist; ich wußte genau, daß sie bis in die höchsten Stellen des Staates reichte. Doch es war das erste Mal, daß ich in einer wissenschaftlichen Auseinandersetzung mich Gegnern gegenüber sah, deren Motive nicht sachlich waren. Ich habe lange und eingehend darüber nachgedacht, wie ich mich zu diesen Dingen verhalten sollte. Schließlich gelangte ich zu einer klaren Stellungnahme.

Der Nationalökonom hat sich mit Doktrinen auseinanderzusetzen und nicht mit Menschen. Er hat falsche Doktrinen zu kritisieren; es ist nicht seines Amtes, die persönlichen Motive von Irrlehren zu enthüllen. Der Nationalökonom hat seine Gegner unter der Fiktion zu bekämpfen, daß sie nur von sachlichen Erwägungen geleitet seien. Es kommt nicht darauf an, ob der Verfechter einer unrichtigen Meinung guten oder bösen Glaubens ist, sondern darauf, ob die von ihm vertretene Auffassung richtig oder unrichtig ist. Es ist die Aufgabe anderer Leute, Korruption aufzudecken und die Öffentlichkeit darüber aufzuklären.

An diesen Grundsätzen habe ich immer streng festgehalten. Ich habe, wenn auch nicht alles, so doch sehr viel gewußt über die Korruption der Interventionisten und Sozialisten, mit denen ich mich auseinandersetzen mußte; ich habe davon nie Gebrauch gemacht. Man hat meinen Standpunkt nicht immer verstanden. Da mich die Wiener Sozialdemokraten stets in wenig geschmackvoller Weise angriffen, haben mir die Leute massenhaft Material über die schmutzigen Praktiken der sozialdemokratischen Führer zugetragen. Ich war auch ohne die Hilfe dieser Informatoren über den moralischen Tiefstand der Partei gut unterrichtet; ich hätte das mir angebotene Material nicht benötigt, wenn ich mich mit Enthüllungen hätte befassen wollen. Daß ich die Angebote, mir Material zu liefern, das vollen gerichtsordnungsmäßigen Beweis für die Unterschleife und Betrügereien von Gegnern erbringen konnte, dankend abgelehnt habe, wurde mir oft verübelt.

Die Österreichisch-Ungarische Bank hat dann im Winter 1912/1913 während der durch den Balkankrieg hervorgerufenen Krise vorübergehend wirklich den Versuch gemacht, einen Teil der Nachfrage nach Devisen unbefriedigt zu lassen. Natürlich war die Folge davon eine verstärkte Nachfrage nach Devisen auf dem offenen Markt und ein Ansteigen der Devisenkurse. Die Bank mußte sofort wieder zu ihrer alten Politik der unbeschränkten und bedingungslosen Abgabe von Devisen zurückkehren. Sie glaubte besonders klug vorzugehen, indem sie dabei den Kurs, zu dem sie Devisen abgab, ein wenig hinaufsetzte. Sie erreichte damit nur, daß das Vertrauen in die österreichische Valuta schwand und daß beträchtliche Teile der in Österreich angelegten kurzfristigen Auslandsgelder abgezogen wurden.

Die Verschlechterung der Kaufkraft der österreichischen Krone gegenüber dem Golde, den auswärtigen Valuten und den Waren war gerade das Ziel, das die Inflationisten anstrebten. Die intelligenten Gegner der Barzahlungen – so Professor Landesberger und der Vorstand der zollpolitischen Abteilung im Handelsministerium, Richard Riedl – gaben das auch offen zu. Nur ein so beschränkter Kopf wie Federn konnte glauben, daß die Verweigerung der Bareinlösung der Noten mit der Stabilität der Wechselkurse vereinbar sei. Die Inflationisten begrüßten die kleine Entwertung der Krone als ersten Schritt auf einem Wege, den sie guthießen. Sie bedauerten nur, daß die Bank sogleich wieder zu ihrer Politik der unbedingten Bareinlösung zurückkehrte. Sie hatten nicht unrecht, wenn sie diesen Rückzug der Bank als Erfolg meines Auftretens bezeichneten.

Ich war mir natürlich durchaus bewußt, daß die öffentliche Meinung in Österreich dem Inflationismus günstig war und daß es außer mir nur wenige Freunde einer Politik stabiler Valutenkurse gab. Finanzminister war damals ein Pole, Graf Zaleski[12], der vor seiner aus rein politischen Grün-

---

[12] Wenzel Graf Zaleski war Staatsminister für Galizien und wurde im November 1911 interimsmäßig K. K. Ackerbauminister.

den erfolgten Berufung sich nie mit finanziellen Problemen befaßt hatte und seine Unwissenheit auf finanzpolitischem Gebiete auch freimütig bekannte. «Ich habe mir von Mitgliedern des Polenklubs (des Abgeordnetenhauses) sagen lassen», erklärte mir Zaleski bei einem Gespräche im Hause gemeinsamer Freunde, «daß ein Ansteigen der Valutenkurse eher als eine günstige als eine ungünstige Erscheinung zu werten sei; für die Landwirtschaft wäre eine zehnprozentige Verteuerung der Devisen geradezu ein Segen.»

Dieser Segen ist sehr bald in reichstem Maße gekommen.

VI. Die Theorie des Geldes und der Umlaufsmittel

Als ich die beiden Aufsätze über die Devisenpolitik der Bank abgeschlossen hatte, wollte ich an die Ausarbeitung meiner Geld- und Kredittheorie schreiten. Ich hatte kaum die ersten Seiten niedergeschrieben, als ich anfangs Januar 1909 zu einer außerordentlichen militärischen Dienstleistung einberufen wurde. Die sogenannte «Annexionskrise» hatte die Regierung bewogen, besondere Maßnahmen zu treffen und die Neubewaffnung der Artillerie zu beschleunigen. Ich kehrte im Februar nach Wien zurück, am 1. April trat ich in die Wiener Handelskammer ein und konnte in den ersten Monaten der neuen Tätigkeit keine Muße für meine wissenschaftliche Arbeit finden. Erst im Herbste konnte ich wirklich beginnen. In den ersten Tagen des Jahres 1912 war dann das druckfertige Manuskript[13] in den Händen des Verlegers.

Die größte Schwierigkeit, die sich mir bei der Ausarbeitung des Buches in den Weg stellte, war die, daß ich darin nur einen Ausschnitt aus dem Gesamtumfang der nationalökonomischen Probleme behandeln wollte. Nationalökonomie muß aber notwendigerweise immer ein geschlossenes, einheitliches System sein. Man kann nicht Stücke oder Teile herausreißen und besonders studieren. Es gibt in der Nationalökonomie keine Spezialisierung. Wer ein Teilstück behandelt, muß es auf dem Boden einer das Ganze der Probleme erfassenden Theorie tun. Nun aber konnte ich dafür keine der bestehenden Theorien verwenden. Das System Mengers und Böhm-Bawerks befriedigte mich nicht mehr ganz. Ich war, dank den beiden Altmeistern, bereits auf dem Weg, den sie gewiesen hatten, weiter geschritten. Dabei war, was mir an ihrem Werk mißfiel, gerade die Behandlung jener Probleme, bei denen die geldtheoretische Arbeit anzusetzen hatte.

Damals herrschte freilich die Auffassung vor, daß die Geldlehre aus dem Gesamtgefüge der nationalökonomischen Probleme reinlich ausgesondert werden könne, ja, daß die Geldlehre eigentlich gar nicht in die Nationalökonomie hinein gehöre, sondern gewissermaßen eine eigene Disziplin bilde. Dieser Auffassung gemäß hat man an den Hochschulen der angelsächsischen Ländern besondere Lehrkanzeln für *currency and banking* geschaffen. Doch diese Auffassung war eben falsch; es war meine Absicht,

---

[13] vgl. Bibliographie, I/2.

ihre Unhaltbarkeit aufzuzeigen und die Geldlehre wieder zur Nationalökonomie zurückzuführen.

Hätte ich in Ruhe arbeiten und mir Zeit lassen können, so hätte ich der
Theorie des indirekten Tausches, die ich zu schreiben begonnen hatte,
gleich eine Theorie des direkten Tausches als ersten Band vorausge-
schickt. Doch ich glaubte, daß ich nicht viel Zeit zur Verfügung hätte. Ich
wußte, das wir am Vorabend eines großen Krieges standen; ich wollte
mein Buch noch früher vollenden. So entschloß ich mich, an einigen wenigen Punkten über das engere Gebilde der Geldlehre hinauszugehen, im
übrigen aber meine Bedenken zurückzustellen. Ich glaube, daß ich meiner
Aufgabe auf diese Weise gerecht wurde.

Ich muß übrigens ausdrücklich hervorheben, daß das, was ich an Menger und Böhm auszusetzen hatte, weniger das betraf, was sie gesagt haben,
als das, was sie nicht gesagt haben. Ich bedauerte, daß sie die unzulängli-
che Absteckung des Gebietes der Nationalökonomie, die John Stuart Mill
vorgenommen hat, nicht durch eine befriedigendere ersetzt haben. Ich ta-
delte es, daß sie die noch unzulänglichere Einstellung der mathematischen
Nationalökonomie nicht entsprechend kritisiert und durch schärfere
Herausarbeitung ihres eigenen Standpunktes zurückgewiesen haben. Ich
fand vor allem, daß Böhm in der Diskussion mit Wieser vieles nicht berührt hatte, was von entscheidender Bedeutung war.

Ein Punkt, den ich in der Geldtheorie nicht mit Stillschweigen überge-
hen konnte, obwohl er der allgemeinen Wertlehre angehört, war das Problem der vermeintlichen Wertmessung und das damit zusammenhän-
gende Problem des Gesamtwerts. Die Auffassung, daß es etwas gäbe, was
man als Wertrechnung oder gar als Wertmessung bezeichnen könnte, und
daß man vom bekannten «Wert» einer Teilmenge den «Wert» des Ge-
samtvorrates oder vom bekannten «Wert» eines Vorrates den «Wert»
von Teilmengen errechnen könnte, mußte zerstört werden, wenn man
Geldtheorie treiben wollte. Man mußte überhaupt die Hypostasierung
des «Wertes» beheben und darlegen, daß es wohl ein Werten, eine Wertung, gibt, daß aber der Ausdruck «Wert» sinnvoll nur zur Bezeichnung
der gewerteten Objekte oder des Ergebnisses eines Wertungsaktes verwendet werden darf.

Ich habe mich dieser Aufgabe in den ersten Abschnitten meines Buches
entledigt und dabei besonders die Irrtümer von Irving Fisher und von
Schumpeter zu widerlegen gesucht. Das Buch von Čuhel[14] war mir dabei
von großem Nutzen. Der Verfasser ist heute vergessen, sein Buch ist über-
holt; doch ich bezweifle nicht, daß er schließlich in der Geschichte unserer
Wissenschaft den Ehrenplatz erhalten wird, der ihm gebührt.

---

[14] Franz Čuhel, *Zur Lehre von den Bedürfnissen,* Innsbruck 1907.

Die Lehre von der Bildung und von den Veränderungen der Kaufkraft des Geldes nimmt ihren Ausgang von der Mengerschen Lehre von der Kassenhaltung. Alles weitere habe ich selbst neu gestalten müssen. Es ist nicht meine Absicht, hier einen Auszug meines Buches zu bringen. Ich will nur einige Bemerkungen über das von mir befolgte Verfahren und über seine Bedeutung machen.

Ich bediene mich überall der «Schritt für Schritt»-Methode, die man heute als *period analysis* oder *process analysis* neu entdeckt haben will. Sie ist die einzig zulässige Methode. Ihr gegenüber erscheint der Streit zwischen *short run economics* und *long run economics* als müßig; jede Analyse führt über die Wirkungen *in the short run* zu den Wirkungen *in the long run*. Auch die Unterscheidung zwischen Statik und Dynamik wird unwesentlich. Wenn man keinen Zustand als «normal» ansieht, wenn man sich dessen bewußt ist, daß der Begriff eines «statischen Gleichgewichts» mit dem Leben und Handeln, das wir studieren, nichts zu tun hat und nur ein Gedankenbild ist, dessen wir uns bedienen, um das Handeln durch die Vorstellung eines Zustandes, in dem nicht gehandelt wird, begrifflich zu erfassen, dann muß man erkennen, daß wir immer nur Bewegungen studieren, niemals aber einen Zustand im Gleichgewicht. Die ganze mathematische Nationalökonomie mit ihren schönen Gleichungen und Kurven ist eine unnütze Tändelei. Der Aufstellung der Gleichungen und dem Ziehen der Kurven müssen nichtmathematische Überlegungen vorausgehen; die Aufstellung von Gleichungen erweitert nicht unsere Kenntnisse. Jenen praktischen Zwecken, denen die Gleichungen der Mechanik durch die Einsetzung von empirisch ermittelten Konstanten und von Daten einer zu lösenden Aufgabe dienstbar gemacht werden können, können die Gleichungen der mathematischen Katallaktik nicht dienen, weil es derartige konstante Beziehungen auf dem Gebiete des menschlichen Handelns nicht gibt.

Ich habe in meinem Geldbuche kein Wort einer Polemik gegen die mathematische Schule gewidmet. Ich habe die richtige Lehre vorgetragen und darauf verzichtet, die Methode der Mathematiker zu bekämpfen. Ich habe selbst der Verlockung widerstanden, den windigen Begriff «Umlaufsgeschwindigkeit» zu zerfasern. Ich habe der mathematischen Nationalökonomie den Todesstoß dadurch versetzt, daß ich den Nachweis erbrachte, daß Geldmenge und Kaufkraft der Geldeinheit nicht verkehrt proportional sind. Durch diesen Nachweis ist die einzige konstante Beziehung, die man zwischen «ökonomischen Quanten» gefunden zu haben geglaubt hatte, als eine durch die Daten jedes einzelnen Falles bedingte Variable erwiesen worden. Die Verkehrsgleichungen Irving Fishers und Gustav Cassels waren damit *ad absurdum* geführt.

Die Schritt-für-Schritt-Analyse kann nicht zeitlos gedacht werden. Der *time-lag* zwischen Ursache und Wirkung wird ihr zu einer Mehrheit von Zeitdifferenzen zwischen den einzelnen aufeinanderfolgenden Wirkungen. Aus der Betrachtung dieser *time-lags* gelangt man zu einer präzisen Theorie von den sozialen Begleiterscheinungen der Veränderungen der Kaufkraft des Geldes.

Um das, was ich oben über meine Einwendungen gegen die Lehre der beiden Altmeister Menger und Böhm gesagt habe, näher zu erläutern und um an einem konkreten Beispiel den Unterschied zwischen der Älteren und der Jüngeren Österreichischen Schule aufzuzeigen, muß ich auf Böhms Stellungsnahme zu meiner Theorie zu sprechen kommen. Menger und Böhm waren stillschweigend von der Annahme der Neutralität des Geldes ausgegangen. Sie hatten die Theorie des direkten Tausches entwickelt und waren der Meinung gewesen, daß man am Gedankenbild eines ohne Geldgebrauch direkt tauschenden Marktes alle Probleme der nationalökonomischen Theorie restlos lösen könne. Nun war diese Auffassung durch meine Lehre von der notwendigen Nicht-Neutralität des Geldes als unhaltbar erwiesen. Doch Böhm weigerte sich, das einzugestehen. Er erhob keine Einwendung gegen die Schlüssigkeit des Gedankenganges meiner Schritt-für-Schritt-Analyse; er bestritt nicht ihr Ergebnis, daß nämlich die Kaufkraftveränderung weder gleichzeitig noch gleichmäßig die Preise der verschiedenen Waren und Dienstleistungen verändere und daß es unrichtig sei zu behaupten, daß das «Niveau» der Preise durch die Veränderungen der Geldmenge *ceteris paribus* im gleichen Verhältnis verändert werde. Doch er meinte, das wäre eben eine «Friktionserscheinung». Die alte Lehre wäre «im Prinzip» richtig, sie behalte ihre volle Bedeutung für die auf das «rein wirtschaftliche Handeln» gerichtete Analyse. In der Realität aber gebe es Widerstände und Reibungen, die das Ergebnis von dem theoretisch errechneten abweichen ließen. Ich habe mich vergebens bemüht, Böhm von der Unzulässigkeit der Verwendung dieser der Mechanik entlehnten Metaphern zu überzeugen. Böhm war, wie man aus seiner Gliederung der Aufgaben der Preistheorie in zwei Teile erkennt, ganz in der Millschen Auffassung befangen.* Ich hätte ihn nur dann überzeugen können, wenn ich damals schon mit mir selbst über die Grundprobleme ins reine gekommen wäre. Ich stand jedoch selbst noch zu sehr unter dem Einfluß Mills. Erst viele Jahre später habe ich Böhms Lehre vom «unmittelbaren Tauschvorteil» widerlegen können.** Und ich glaube, daß ich mit diesem Aufsatz, der nur der Kritik von Lehren Mengers und Böhms gewidmet ist, den beiden Meistern ein Denkmal errichtet habe, das in ihrem Sinne war.

---

* Vgl. Böhm-Bawerk, Kapital und Kapitalismus, 3. Aufl. Innsbruck 1909, II, S. 354.
** Vgl. «Meine Grundprobleme der Nationalökonomie», Jena 1934, S. 163 ff.

In dem Abschnitt, der sich mit der Gestaltung der Austauschverhältnisse zwischen verschiedenen Geldarten befaßt, habe ich die unwiderlegbare Ricardosche Lehre, die von der unhaltbaren «Zahlungsbilanztheorie» zu Unrecht verdrängt worden war, neu zu fassen gesucht. Cassel, der bald darauf die Ricardosche Lehre in unzweckmäßiger Formulierung vorgetragen hat, brachte für sie die Bezeichnung ‹Kaufkraftparitätentheorie› auf. Man hat sie in den zwanziger Jahren die Casselsche Theorie genannt, wenn man ihr zustimmte, und die Misessche, wenn man sie ablehnte. Ich wiederhole: es ist die Theorie Ricardos.

Das zweite große Problem, das mein Buch behandelt, war das der Umlaufsmittel. Ich habe diesen Begriff neu schaffen müssen, um der herrschenden Unklarheit, die mit dem Gebrauch des Ausdrucks Kredit verbunden war, ein Ende zu machen. Wenn man nicht zwischen Sachkredit und Zirkulationskredit (Machlup übersetzt das sehr geschickt mit *transfer credit* und *created credit*) unterscheidet, kann man nie zu brauchbaren Resultaten gelangen. Mit dieser Unterscheidung erst schafft man die Voraussetzungen für eine richtige Kritik der Lehre von der «Elastizität» der bankmäßigen Zahlungsmittel und legt den Weg frei für die Zirkulationskredittheorie *(monetary theory)* des Konjunkturwechsels. Man hat mir die Ehre angetan, diese Lehre die Österreichische Konjunkturtheorie zu nennen.

Im letzten Abschnitt meines Buches war ich darauf bedacht, die damals allgemeines Interesse erweckenden währungs- und bankpolitischen Fragen zu besprechen. Ich schloß mein Buch mit dem Hinweis darauf, daß die herrschenden bankpolitischen Ansichten wohl bald zu katastrophalen Ereignissen führen würden.

Mein Buch wurde, wie nicht anders zu erwarten, von den Zeitschriften der deutschen Staatswissenschaftler in schroffster Weise abgelehnt. Ich habe mich darum wenig gekümmert. Ich wußte, daß meine Auffassungen sich bald durchsetzen würden. Und ich sah mit Grauen die Katastrophe, die ich angekündigt hatte, vor der Tür stehen.

Neue Bücher, die von den Kritikern «vernichtet» werden, sind wertvoll und bleibend. Wer nur das zu sagen hat, was jedermann hören will, sollte lieber schweigen. Die Knapp, Bendixen, Liefmann, Diehl, Adolf Wagner, Bortkiewicz, die man damals als «Geldtheoretiker» in Deutschland feierte, sind heute verschollen.

Der erste Nationalökonom, der meiner Arbeit Anerkennung zollte, war B. M. Anderson in seinem 1917 erschienenen Buche *The Value of Money*. Ich habe das Buch erst zwei Jahre später zu Gesicht bekommen. Österreich stand ja im Krieg gegen die Vereinigten Staaten.

J. M. Keynes hat mein Buch im ersten Hefte des *Economic Journal,* das nach Kriegsausbruch versendet wurde, besprochen.* Mr. Keynes spendete dem Buch einiges Lob: «*the book is not to be denied considerable merits, . . . the book is enlightened in the highest degree possible.*» Doch im ganzen war Mr. Keynes schwer enttäuscht.

Mein Buch erschien ihm «*not constructive*» und «*not original*», es sei «‹*no lift*› in the book». Und er fügte hinzu: «*One closes the book, therefore, with a feeling of disappointment, that an author so intelligent, so candid and so widely read should, after all, help one so little to a clear understanding of the fundamentals of his subject.*» Sechzehn Jahre später** hat dann Mr. Keynes eingestanden, daß es um seine Kenntnis der deutschen Sprache schlecht bestellt sei. «*In German*», sagte er, «*I can only clearly understand what I know already! – so that new ideas are apt to be veiled from me by the difficulties of the language.*» Es war also nicht meine Schuld, daß Mr. Keynes mein Buch weder originell noch konstruktiv fand und daß er aus ihm nicht zu klarem Verständnis der Probleme gelangen konnte.

* Vgl. *Economic Journal,* XXIV (1914), S. 417–419.
** Vgl. Keynes, *A Treatise on Money,* London 1930, Bd. I, S. 199, Anmerkung 2.

VII. Der Erste Weltkrieg

Ich habe hier weder vom Krieg noch von meinen persönlichen Erlebnissen im Kriege zu sprechen. Ich befasse mich in dieser Schrift nicht mit militärischen Fragen und mit den politischen nur so weit, als es der Zweck der Darstellung unumgänglich erfordert.

Der Krieg kam als Ergebnis der Ideologie, die seit Jahrhunderten von allen deutschen Kathedern verkündet worden war. Die Professoren der Wirtschaftsfächer hatten bei der geistigen Vorbereitung des Krieges wakker mitgeholfen. Sie mußten nicht erst umlernen, um im «geistigen Leibgarderegiment der Hohenzollern» ihren Mann zu stellen. Schmoller verfaßte das berühmte *Manifest der 93* (11. Oktober 1914), ein anderer Ordinarius, Schumacher, der dann nach Berlin als Nachfolger Schmollers berufen wurde, redigierte das Annexionsprogramm der sechs Spitzenverbände. Sombart schrieb *Händler und Helden*. Franz Oppenheimer konnte sich in Anpöbelung der «Unkultur» der Franzosen und Engländer nicht genug tun. Man trieb nicht mehr Volkswirtschaftslehre, sondern Kriegswirtschaftslehre.

Auch im Lager der Feinde ging es nicht besser zu. Doch dort gab es viele, die es vorzogen zu schweigen; Edwin Cannan sah es als Pflicht der Nationalökonomen an, zu protestieren.

Ich habe in den ersten fünfzehn Monaten des Krieges kaum die Zeitung lesen können. Später wurde es etwas besser, und am Ende des Jahres 1917 stand ich nicht mehr im Felde, sondern arbeitete in Wien in der Kriegswirtschaftsabteilung des Kriegsministeriums. Ich habe in diesen Jahren nur zwei kleine Aufsätze verfaßt. Der eine, über die Klassifikation der Geldtheorien[15], ging später in die zweite Auflage der *Geldtheorie* über. Der andere, «Vom Ziel der Handelspolitik»[16], wurde von mir bei der Abfassung des im Jahre 1919 veröffentlichten Buches *Nation, Staat und Wirtschaft* verwendet. Es war ein wissenschaftliches Buch, doch seine Absicht war politisch. Es war ein Versuch, die deutsche und österreichische öffentliche Meinung der nationalsozialistischen Idee − sie trug damals

---

[15] vgl. Bibliographie, II/17.
[16] vgl. Bibliographie, II/16.

noch keinen besonderen Namen – abspenstig zu machen und ihr zu empfehlen, den Wiederaufbau durch demokratisch-liberale Politik anzustre-
ben. Man hat meine Arbeit nicht beachtet, das Buch wurde kaum gelesen.
Doch ich weiß, daß man es später lesen wird. Die wenigen Freunde, die es
heute lesen, zweifeln nicht daran.

Gegen Ende des Krieges habe ich in einer nicht für die Öffentlichkeit be-
stimmten Zeitschrift, die der Verband österreichischer Banken und Bankiers für seine Mitglieder herausgab, einen kurzen Aufsatz über die Quantitätstheorie[17] erscheinen lassen. Die Behandlung des Inflationsproblems
wurde von der Zensur nicht geduldet. Mein zahmer, akademischer Aufsatz wurde von ihr beanstandet; ich mußte ihn nochmals umarbeiten, ehe
er erscheinen durfte. Im nächsten Hefte gab es auch sofort Erwiderungen,
eine davon, soweit ich mich entsinnen kann, von jenem Bankdirektor Rosenbaum, der den Federnschen Volkswirt finanzierte.

Im Sommer 1918 habe ich in einem vom Armeeoberkommando einge-
richteten Kurs für Offiziere, die der Truppe vaterländischen Unterricht er-
teilen sollten, einen Vortrag über «Kriegskostendeckung und Kriegsanleihen» gehalten. Auch da versuchte ich, den inflationistischen Tendenzen
entgegenzutreten. Der Vortrag wurde nach stenografischer Mitschrift gedruckt[18], ohne daß mir die Gelegenheit geboten war, die Korrekturbogen
zu lesen.

Die Erfahrungen der Kriegszeit haben meine Aufmerksamkeit auf ein
Problem gelenkt, das mir von Tag zu Tag immer wichtiger erscheint, ja,
das ich als das Haupt- und Grundproblem unserer Kultur bezeichnen will.

Die großen Fragen der Wirtschafts- und Sozialpolitik können nur von
denen begriffen werden, die die nationalökonomische Theorie voll beherrschen. Ob Kapitalismus, ob Sozialismus, ob Interventionismus das
geeignete System gesellschaftlicher Kooperation darstellt, kann man nur
entscheiden, wenn man die schwierigsten Aufgaben der Nationalökonomie zu meistern weiß. Doch die politische Entscheidung wird nicht von
den Nationalökonomen getroffen, sondern von der öffentlichen Meinung, d. h. von der Gesamtheit des Volkes; die Mehrheit bestimmt, was
geschehen soll. Das gilt von jedem System der Regierung. Auch der abso-
lute König und der Diktator können nur so regieren, wie die öffentliche
Meinung es verlangt.

Es gibt Schulen, die diese Probleme einfach nicht sehen wollen. Der orthodoxe Marxismus glaubt, daß der dialektische Prozeß der geschichtlichen Entwicklung die Menschheit unbewußt den notwendigen Weg, d. h.
den Weg, der zu ihrem Heil führt, einschlagen läßt. Eine andere Spielart

---

[17] vgl. Bibliographie, II/18.

[18] vgl. Bibliographie, II/20.

des Marxismus meint, daß die Klasse nie irren könne. Der Rassenmystizismus behauptet dasselbe von der Rasse: Die Eigenart der Rasse wisse die richtige Lösung zu finden. Die religiöse Mystik – auch dort, wo sie in weltlichem Gewande erscheint, z.B. im Führerprinzip – vertraut auf Gott: Gott werde seine Kinder nicht verlassen und durch Offenbarung oder durch die Entsendung von begnadeten Hirten sie vor dem Unheil bewahren. Doch alle diese Auswege versperrt uns die Erfahrung, die zeigt, daß verschiedene Lehren vorgetragen werden, daß auch innerhalb der einzelnen Klassen, Rassen und Völker Meinungsverschiedenheiten bestehen, daß verschiedene Männer sich mit verschiedenen Programmen um das Führeramt bewerben und daß verschiedene Kirchen mit dem Anspruch auftreten, Gotteswort zu verkünden. Man müßte blind sein, wollte man behaupten, daß die Frage, ob Kreditausweitung wirklich den Zinsfuß dauernd ermäßigen kann, durch die Berufung auf die Dialektik der Geschichte, auf das unbeirrbare Klassenbewußtsein, auf die rassische oder völkische Eigenart, auf Gotteswort oder auf das Gebot eines Führers eindeutig beantwortet werden kann.

Die Liberalen des 18. Jahrhunderts waren von einem grenzenlosen Optimismus erfüllt: Die Menschen sind vernünftig, und darum muß schließlich die richtige Meinung zum Siege gelangen. Das Licht wird die Finsternis verdrängen; die Bestrebungen der Finsterlinge, das Volk in Unwissenheit zu erhalten, um es leichter beherrschen zu können, werden den Fortschritt nicht aufhalten können. So schreitet die Menschheit, von der Vernunft aufgeklärt, einer immer höheren Vervollkommnung entgegen. Die Demokratie mit ihrer Gedanken-, Rede- und Pressefreiheit bietet Gewähr für den Erfolg der richtigen Doktrin: Laßt die Massen entscheiden, sie werden schon die zweckmäßigste Wahl treffen.

Wir können diesen Optimismus nicht mehr teilen. Der Gegensatz der wirtschaftspolitischen Doktrinen stellt an die Urteilskraft weit schwierigere Anforderungen als die Probleme, die die Aufklärung im Auge hatte: Aberglaube und Naturwissenschaft, Tyrannei und Freiheit, Privileg und Gleichheit vor dem Gesetze.

Die Massen müssen entscheiden. Gewiß, die Nationalökonomen haben die Pflicht, ihre Mitbürger aufzuklären. Doch was soll geschehen, wenn die Nationalökonomen dieser dialektischen Aufgabe nicht gewachsen sind und von den Demagogen bei den Massen ausgestochen werden? Oder wenn die Massen zu wenig intelligent sind, um die Lehren der Nationalökonomen zu erfassen? Muß man nicht den Versuch, die Massen auf den richtigen Weg zu führen, als aussichtslos ansehen, wenn man die Erfahrung machen konnte, daß Männer wie J. M. Keynes, Bertrand Russell, Harold Laski und Albert Einstein nationalökonomische Probleme nicht zu begreifen vermochten?

Man verkennt, worum es hier geht, wenn man von einem neuen Wahlsystem oder von der Ausgestaltung der Volksbildung Hilfe erwartet. Mit den Vorschlägen zur Abänderung der Wahlordnung will man einem Teil des Volkes die Berechtigung, bei der Wahl der Gesetzgeber und der Regierung mitzuwirken, einschränken oder ganz entziehen. Doch das wäre keine Lösung. Wenn die von einer Minderheit bestellte Regierung die Massen gegen sich hat, wird sie sich auf die Dauer nicht zu behaupten vermögen. Sie wird, wenn sie sich weigert, der öffentlichen Meinung zu weichen, durch eine Revolution gestürzt werden. Der Vorzug der Demokratie liegt gerade darin, daß sie die Anpassung des Regierungssystems und des Regierungspersonals an den Willen der öffentlichen Meinung in friedlicher Weise ermöglicht und damit den ungestört ruhigen Fortgang der gesellschaftlichen Kooperation im Staate gewährleistet. Es handelt sich hier nicht um ein Problem der Demokratie, sondern um weit mehr: um ein Problem, das unter allen Umständen und unter jeder denkbaren Verfassungsform auftritt.

Man hat gesagt, daß das Problem in der Volksbildung und Volksaufklärung liege. Doch man gibt sich argen Täuschungen hin, wenn man glaubt, daß man durch mehr Schulen und Vorträge und durch Verbreitung von Büchern und Zeitschriften der richtigen Meinung zum Siege verhelfen könne. Man kann auf diesem Wege auch Irrlehren Anhänger werben. Das Übel besteht gerade darin, daß die Massen geistig nicht befähigt sind, die Mittel zu wählen, die zu den von ihnen angestrebten Zielen führen. Daß man dem Volke fertige Urteile durch Suggestion aufdrängen kann, beweist, daß das Volk keines selbständigen Urteils fähig ist. Das ist gerade das, was die große Gefahr birgt.

So war auch ich zu jenem hoffnungslosen Pessimismus gelangt, der schon seit langem die besten Männer Europas erfüllte. Wir wissen heute aus den Briefen Jacob Burckhardts, daß auch dieser große Geschichtsschreiber sich keinen Illusionen über die Zukunft der europäischen Kultur hingab. Dieser Pessimismus hatte Carl Menger gebrochen, und er beschattete das Leben Max Webers, der mir in den letzten Monaten des Krieges, als er ein Semester an der Wiener Universität lehrte, ein guter Freund geworden war.

Es ist Temperamentsache, wie man in Erkenntnis einer unabwendbaren Katastrophe lebt. Im Gymnasium hatte ich, dem alten Humanistenbrauche folgend, einen Vers Vergils zu meiner Devise erwählt: *Tu ne cede malis sed contra audentior ito.* Diesen Spruch habe ich mir in den bösesten Stunden des Krieges in Erinnerung gerufen. Immer wieder hatte es da Situationen gegeben, aus denen vernünftige Überlegung keinen Ausweg mehr zu finden wußte; doch ein Unerwartetes trat dazwischen, das die Rettung brachte. Ich wollte auch jetzt den Mut nicht sinken lassen. Ich wollte alles das versuchen, was der Nationalökonom versuchen kann. Ich wollte nicht müde werden zu sagen, was ich für richtig hielt. So beschloß ich, ein Buch über den Sozialismus zu schreiben. Ich hatte schon vor dem Kriege diesen Plan erwogen; nun wollte ich ihn ausführen.

VIII. In der Handelskammer

Bevor ich mit der Beschreibung meiner wissenschaftlichen Entwicklung fortfahre, muß ich auf meine praktische Betätigung zu sprechen kommen. Von 1909 bis 1938 gehörte ich dem Kammeramte der «Niederösterreichischen Handels- und Gewerbekammer» an. (Der Name dieser Institution wurde 1920 in «Wiener Kammer für Handel, Gewerbe und Industrie» geändert.)

Die Handelskammern waren in Österreich Körperschaften, die als repräsentative Standesvertretung aus Wahlen aller Unternehmer hervorgingen und durch Zuschläge zu den staatlichen Gewerbesteuern, die von den Steuerbehörden eingehoben und an die Kammern abgeführt wurden, ihre Ausgaben bestritten. Sie waren im Revolutionsjahre 1848 geschaffen worden, um das Parlament und die Regierung in wirtschaftlichen Fragen zu beraten und einige Verwaltungsaufgaben zu erfüllen. Bis gegen das Ende der siebziger Jahre waren sie ziemlich bedeutungslos. In den achtziger Jahren und in den neunziger Jahren führten sie einen – vergeblichen – Kampf gegen die von zünftlerischem Geist eingegebenen Reformen, die die christlich-soziale Partei forderte und durchsetzte. In dieser Zeit lag das Schwergewicht der Kammertätigkeit in den Vollversammlungen und in den Ausschüssen der Kammer. Das Sekretariat der Kammer hatte nur Handlangerdienste zu verrichten.

Mit dem Durchbruch des Interventionismus trat darin ein radikaler Wandel ein. Die Minister und die Beamten der Ministerien und die Parlamentarier waren durchaus wirtschaftsfremd; sie hatten meist keine Ahnung von der Tragweite der Maßnahmen, die sie verfügten, und waren nicht einmal imstande, den Gesetzen, Erlässen und Verordnungen eine Formulierung zu geben, die den Behörden, die sie ausführen sollten, deutlich machen konnte, was sie zu tun hatten. Die Notwendigkeit sachgemäßer Beratung und ständiger Mitarbeit durch Personen, die die Verhältnisse kannten oder in der Lage waren, sich darüber zu unterrichten, war unabweisbar. Die Mißgriffe, die sich täglich neu ergaben, und die bösen Folgen dieser Mißgriffe wurden von der Presse, vom Parlamente und vom Kaiser den Ministern zur Last gelegt, die ihrerseits wieder die Ministerialbeamten verantwortlich machten. Um dieser Verantwortung zu entgehen, war man gern bereit, sich mit sachkundigen Männern zu beraten.

Die Sekretäre der Wiener Kammer Rudolf Maresch und Richard Riedl wußten diese Gunst der Verhältnisse zu einer Erweiterung des Einflusses des Kammersekretariats zu nützen. An der Spitze der Kammer stand damals als Präsident ein weitblickender Mann, Baron Mauthner, der im Abgeordnetenhause als Obmann der nach ihm benannten Mauthner-Gruppe eine hervorragende Rolle spielte. (Die Kammern entsendeten – bis 1907 – ins Abgeordnetenhaus und – bis 1918 – in die Landtage besondere Abgeordnete.) Mauthner stimmte der Erweiterung des Kammersekretariats zu. Mehrere junge Volkswirte wurden zu Beamten des Sekretariats bestellt. Der hervorragendste von ihnen war mein Freund Victor Graetz, ein Mann von ungewöhnlichen Gaben und festem Charakter; er litt, leider, gerade wegen seines klaren Blicks ganz besonders unter jenem Pessimismus, dem alle einsichtigen Männer in dieser Zeit verfallen mußten. Der Erfolg des neuen Kurses in der Kammer war ungeheuer; in kurzer Zeit wurde das Sekretariat der Wiener Kammer zu einem wichtigen Faktor der Wirtschaftspolitik. Seine Bedeutung wuchs noch mehr, als unter dem Namen «Handelspolitische Zentralstelle» eine Organisation geschaffen wurde, an der alle österreichischen Kammern mitwirkten. Viele Provinzkammern waren freilich ganz bedeutungslos, da ihre Sekretäre Nullen waren. Doch die Kammern von Prag, Brünn, Reichenberg, Krakau und Triest hatten in ihrem Sekretariat Männer, deren Mitwirkung außerordentlich wertvoll war.

Im Jahre 1909 war die Fortführung der Geschäfte in der Wiener Kammer in Frage gestellt. Maresch war schon vor mehreren Jahren in den Ruhestand getreten, Riedl wurde 1909 zum Vorstand der handelspolitischen Sektion im Handelsministerium bestellt. Mehrere der jüngeren Funktionäre hatten den Kammerdienst verlassen, um in der Industrie zu arbeiten. Auch Graetz war ausgeschieden, um die Leitung eines großen Unternehmens zu übernehmen. Graetz empfahl mich als seinen Nachfolger.

Die Kammer bot mir das einzige Feld, auf dem ich mich in Österreich betätigen konnte. Die Professur an einer Universität war mir verschlossen; man suchte an den Universitäten Interventionisten und Sozialisten; wer nicht einer der drei politischen Parteien (Christlich-Soziale, Deutsch-Nationale, Sozial-Demokraten) angehörte, durfte nicht auf eine Ernennung hoffen. Eine Stellung im Staatsdienste habe ich nicht angestrebt. Nach dem Kriege war mein Ansehen als Geld- und Bankfachmann so groß, daß manche der Großbanken mir einen Platz in ihrem Vorstande einräumen wollten. Vor 1921 lehnte ich immer ab, weil man mir nicht die Zusicherung geben wollte, daß meine Ratschläge befolgt werden würden. Später hielt ich alle Banken für insolvent und rettungslos verloren; die Ereignisse haben mir recht gegeben.

Ich habe mir meine Stellung selbst geschaffen. Ich war offiziell nie mehr als ein Beamter des Kammersekretariats, das seit 1920 die Bezeichnung Kammeramt führte. Nominell hatte ich immer einen Vorgesetzten, dem ich unterstellt war, und Kollegen. Ich habe auch nie den Wunsch gehabt, die Leitung des Kammeramtes zu übernehmen und einen Teil meiner Arbeitskraft Geschäften bürokratischer Routine zu widmen. Ich hatte eine unvergleichlich bedeutendere Stellung als irgendein Kammerfunktionär oder als irgendein Österreicher, der nicht an der Spitze einer der großen politischen Parteien stand. Ich war der Nationalökonom des Landes.

Das will nicht sagen, daß das ausgeführt wurde, was ich empfahl, oder daß das unterblieb, wovon ich abgeraten hatte. Ich habe, nur von wenigen Freunden unterstützt, einen hoffnungslosen Kampf geführt. Was ich erreichte, war nur, die Katastrophe hinauszuschieben. Daß es im Winter 1918/1919 nicht zum Bolschewismus gekommen ist und daß der Zusammenbruch der Industrie und der Banken nicht schon 1921, sondern erst 1931 eingetreten ist, war zu einem guten Teil der Erfolg meiner Bemühungen. Mehr konnte man nicht erreichen. Mehr konnte *ich* jedenfalls nicht erreichen.

Auch in der Handelskammer geschah gewiß nicht nur das, was mir richtig schien. Ich habe mich um den rein bürokratischen Geschäftsgang der Kammer nicht gekümmert. Meine ganze Kraft war auf die entscheidenden wirtschaftspolitischen Fragen konzentriert.

Man hat mir manchmal vorgeworfen, daß ich zu schroff und intransigent meinen Standpunkt vertreten hätte, und man hat behauptet, ich hätte mehr durchsetzen können, wenn ich größere Bereitschaft zu Kompromissen gezeigt hätte. Der Generalsekretär des Hauptverbandes der österreichischen Industrie, Gustav Weiss von Wellenstein, hat mir als alter Freund oft Vorhaltungen darüber gemacht. Die Kritik war unberechtigt. Ich konnte nur dadurch wirken, daß ich die Dinge so darstellte, wie sie mir erschienen. Wenn ich heute auf meine Kammertätigkeit zurückblicke, bedaure ich eher meine zu große Bereitschaft zu Kompromissen als meine Intransigenz. Ich war immer bereit, in Nebendingen nachzugeben, wenn Wichtigeres dadurch gerettet werden konnte. Ich habe mitunter das *sacrificium intellectus* gebracht, in Berichten, die ich mit meinem Namen zeichnete, Ausführungen aufzunehmen, die meinen Anschauungen nicht entsprachen. Das war die einzige Möglichkeit, um die Annahme des Berichtes durch die Vollversammlung der Kammer oder seine Gutheißung durch die Öffentlichkeit zu erreichen. Wenn jemand einmal die im Druck veröffentlichten Verhandlungs- und Geschäftsberichte der Kammer oder gar die Archive der Kammer studieren sollte, wird er die Richtigkeit dieser Behauptung bestätigt finden. Die Berichte, Gutachten und Anträge, die meinen Namen als Berichterstatter nennen, habe ich nie als meine Arbeiten angesehen, sondern als Ausdruck der Meinung einer Körperschaft, für die ich nur als Referent fungierte. Ich habe immer einen scharfen Trennungsstrich zwischen meiner wissenschaftlichen und meiner politischen Tätigkeit gezogen. In der Wissenschaft sind Kompromisse Verrat an der Wahrheit. In der Politik sind Kompromisse unentbehrlich, weil ein Ergebnis oft nur durch Versöhnung widerstreitender Auffassungen erreicht werden kann. Wissenschaft ist Leistung des einzelnen und nie einer Kooperation mehrerer. Politik ist immer Kooperation von Menschen und muß daher oft Kompromiß sein.

Ich war im Österreich der Nachkriegszeit das nationalökonomische Gewissen. Nur wenige halfen mir, und alle politischen Parteien mißtrauten mir. Dennoch haben alle Minister und alle Parteiführer mich zu Rate gezogen und meine Meinung hören wollen. Ich habe ihnen nie meine Meinung aufzudrängen versucht. Ich habe nie einen Staatsmann oder Politiker aufgesucht. Ich bin niemals in der Lobby des Parlaments oder in einem Ministerium erschienen, wenn man mich nicht formell eingeladen hatte. Die Minister und die Parteiführer sind weit öfter in meinem Büro in der Kammer gewesen als ich in ihren Büros.

Mit meinen Kollegen in der Kammer habe ich gerne zusammengearbeitet. Manche von ihnen waren Männer von hoher Begabung und großen Kenntnissen, die meine Bemühungen nach Kräften förderten.

Die Tätigkeit in der Kammer hat meinen Gesichtskreis außerordentlich erweitert. Ich habe sehr viel gesehen. Daß ich heute das Material für eine Sozial- und Wirtschaftsgeschichte des Unterganges der österreichischen Kultur zur Hand habe, ist zum größten Teil das Ergebnis der Studien, die ich für die Erledigung meiner Kammerarbeit gemacht habe. Besonders viel habe ich bei den Reisen gelernt, die mich in den Jahren 1912 bis 1914 in alle Teile des alten österreichischen Staates führten. Ich sollte auf diesen Fahrten durch Besuche der Industriezentren die Lage der Industrie im Hinblick auf die Erneuerung des Zoll- und Handelsbündnisses mit Ungarn, die Erstellung eines neuen autonomen Zolltarifs und den Abschluß neuer Handelsverträge kennenlernen.

Das Hauptgebiet meiner Betätigung in der Kammer waren nicht die handelspolitischen Probleme, sondern die der Finanz-, Währungs-, Kredit- und Steuerpolitik. Daneben mußte ich immer wieder besondere Aufgaben übernehmen. So war ich in der Zeit vom Abschlusse des Waffenstillstandes bis zur Unterzeichnung des Friedens von Saint Germain Referent für die finanziellen Fragen im Außenamte. Später, als die Bestimmungen des Friedensvertrages durchgeführt wurden, war ich Leiter des mit der Abwicklung der Vorkriegsschulden befaßten Abrechnungsamtes. In dieser Funktion habe ich eine Unzahl von Verhandlungen mit den Vertretern der ehemaligen Gegner führen müssen. Ich war österreichischer Delegierter bei der Internationalen Handelskammer und Mitglied vieler internationaler Kommissionen und Ausschüsse, deren unlösbare Aufgabe es war, in einer von Völkerhaß und Vorbereitung zum Völkermord erfüllten Welt für friedlichen Austausch von Gütern und Diensten zu sorgen.

Ich habe 1926 das Österreichische Institut für Konjunkturforschung gegründet. Ich habe – mit Dollfuss und dem Sekretär der Arbeiterkammer Palla – dem dreigliedrigen Redaktionskomitee der Wirtschaftskommission angehört, das im Jahre 1930 unter Mitwirkung von Professor Richard Schüller einen «Bericht über die wirtschaftlichen Schwierigkeiten Österreichs» veröffentlichte.

Es ist für den Zweck dieser Ausführungen nicht notwendig, noch mehr über die vielseitige Tätigkeit zu sagen, die in der Kammer meine Zeit in Anspruch genommen hat. Es war harte Arbeit, und viel unnützer Kleinkram hat mich oft schwer belastet. Doch das ist uninteressant. Ich will nur von den politischen Zielen sprechen, die meiner Arbeit die Richtung gewiesen haben.

Meine politische Betätigung in den Jahren 1918–1934 zerfiel in vier Abschnitte.

In der ersten Periode, die vom Zusammenbruch der Monarchie im Herbst 1918 bis zum Herbst 1919 währte, war die wichtigste Aufgabe, die ich mir gesetzt hatte, die Verhinderung des Bolschewismus. Ich habe schon erzählt, wie mir das durch Einwirkung auf Otto Bauer gelang. Daß es damals in Wien nicht zum Bolschewismus gekommen ist, war einzig und allein mein Erfolg. Nur wenige Leute unterstützten mich im Kampfe, und deren Hilfe war ziemlich wirkungslos. Bauer habe ich allein von der Idee, den Anschluß an Moskau zu suchen, abgebracht. Die radikalen jungen Leute, die Bauers Autorität nicht anerkannten und gegen den Willen der Parteileitung auf eigene Faust vorgehen wollten, waren so unerfahren, unfähig und von gegenseitiger Eifersucht erfüllt, daß sie nicht einmal einen halbwegs arbeitsfähigen Parteiverband der Kommunisten gründen konnten. Die Entwicklung lag in der Hand der Führer der alten sozialdemokratischen Partei. In diesem Kreis hatte Bauer das letzte Wort zu sprechen.

Als diese Gefahr überwunden war, richtete ich alle meine Anstrengungen darauf, der Inflation ein Ende zu setzen. In diesem Kampfe hatte ich einen ausgezeichneten Kampfgenossen gefunden. Wilhelm Rosenberg war ein Schüler Carl Mengers und war seinem alten Lehrer in treuer Freundschaft verbunden gewesen. Er war ein scharfer Denker, ein vorzüglicher Nationalökonom und ein brillanter Jurist. Im Anwaltsberufe hatte er sich so hervorgetan, daß man ihn in allen schwierigen Fragen geschäftlicher und finanzieller Natur zu Rate zog. Er genoß das höchste Ansehen als «Fachmann» in Finanzfragen und war bereit, dieses Prestige im Kampfe gegen die Inflation einzusetzen.

Wir haben drei Jahre lang gekämpft, ehe wir unser Ziel: Wiederherstellung des Gleichgewichts im öffentlichen Haushalt und Einstellung der weiteren Vermehrung der Banknoten, erreicht hatten. Es war ganz allein unser Verdienst, daß die österreichische Krone beim Kurse von 14 400 Papierkronen gleich einer Goldkrone und nicht bei einem höheren Stande des Disagio stabilisiert wurde. Doch das war nicht der Erfolg, den wir angestrebt hatten.

Wenn wir nicht unsere leidenschaftliche Agitation gegen die Fortführung der Defizit- und Inflationspolitik aufgenommen hätten, wäre wahrscheinlich schon im Anfang des Jahres 1922 die Krone auf den millionsten oder milliardsten Teil ihrer Goldparität von 1892 gefallen. Wahrscheinlich wäre es dann keiner Regierung mehr möglich gewesen, die Ordnung aufrecht zu halten. Fremde Truppen hätten das Land besetzt, und die Mächte hätten einen neuen Staat aufbauen müssen. Diese Katastrophe ist vermieden worden. Eine österreichische Regierung hat das Defizit beseitigt und die Krone stabilisiert. Die österreichische Währung ist nicht – wie die deutsche Währung 1923 – zusammengebrochen. Es ist nicht zur Katastrophenhausse gekommen. Doch das Land hat jahrelang die zerrüttenden Wirkungen fortschreitender Inflation ertragen müssen. Sein Bank- und Kreditsystem und sein Versicherungswesen hatten Wunden erlitten, die nicht mehr geheilt werden konnten, und der Kapitalaufzehrung konnte nicht mehr Einhalt geboten werden. Wir haben zu viel Widerstand gefunden; wir haben zu spät gesiegt. Unser Sieg hat den Untergang um mehrere Jahre verzögert, doch er hat Österreich nicht mehr retten können.

Rosenberg und ich haben uns darüber keinen Illusionen hingegeben. Wir wußten, wie es in Wahrheit um diese Sanierung bestellt war. Der Pessimismus der Hoffnungslosigkeit, das Los aller Sehenden in Österreich, warf meinen Freund nieder. Nicht allein der Schmerz über den Verlust seines einzigen Sohnes, die Erkenntnis, daß alle Plage und alle Arbeit in Wien aussichtslos waren, hat ihn in den Tod getrieben.

Der Erfolg im Kampfe um die Sanierung des Staatshaushaltes kam so spät, weil es uns nur langsam gelang, die christlich-soziale Partei von der Notwendigkeit der Beseitigung der Zuschüsse zu überzeugen, die der Staat leistete, um die rationierten Lebensmittel im Einzelverkauf zu verbilligen. Im Haushalt der Verbraucher spielte diese Verbilligung nur eine geringe Rolle; dagegen machte sie die Wiederherstellung des Gleichgewichts im Staatshaushalte unmöglich. Es gelang uns, dank der Unterstützung von Weiss-Wellenstein, die Großindustrie zu bewegen, den Gewerkschaften für den Fall der Einstellung der Lebensmittelzuschüsse Konzessionen zu gewähren. Daß die Gewerkschaften hinter dem Rücken der sozialdemokratischen Parteileitung unserem Plane zustimmten, war ein schwerer

Schlag für die politischen Führer der sozialdemokratischen Partei. Um die Verhandlungen zu stören, griff Bauer zu einem verzweifelten Mittel. Am 1. Dezember 1921 drangen die «Ordner», die sozialdemokratische Parteitruppe, in die Innere Stadt (Wiens 1. Bezirk) ein und plünderten und demolierten alle Einzelhandelsgeschäfte. Die Polizei, entschlossen politisch «neutral» zu bleiben, hinderte sie nicht. Doch die öffentliche Meinung nahm in den nächsten Tagen gegen diese Taktik Stellung. Die Sozialdemokraten mußten zurückweichen, und die Verhandlungen mit den Gewerkschaften nahmen ihren Fortgang.

Man darf das Verdienst, das sich der Führer der christlich-sozialen Partei, Professor Seipel, damals erworben hat, nicht unterschätzen. Seipel war so wirtschaftsfremd, wie es nur ein Kleriker sein konnte. Er sah in der Inflation ein Übel, doch er war im übrigen finanzpolitisch ganz unbewandert. Wir – Rosenberg und ich – haben uns verpflichtet gefühlt, ihn darauf aufmerksam zu machen, daß die Stabilisierung der Währung nach einiger Zeit die Folgen der Inflation in der «Stabilisierungskrise» zutage treten lassen würde. Wir erklärten ihm, daß die öffentliche Meinung nicht die Urheber der Inflation, sondern ihre Bekämpfer verantwortlich machen würde, daß die Inflations-Hausse durch eine Depression abgelöst werden würde. Die christlich-soziale Partei würde daher nicht Dank, sondern eher Undank ernten.

Seipel hat uns unsere Aufrichtigkeit hoch angerechnet. Eine nützliche und notwendige Maßnahme, meinte er, müsse ergriffen werden, auch wenn sie der Partei schaden könnte. Der Staatsmann unterscheide sich vom Demagogen dadurch, daß er das Richtige dem, was Beifall finden würde, vorziehe. Es gab in Österreich nicht viele Politiker, die so dachten. Ich habe die höchste Achtung für den vornehmen und lauteren Charakter dieses edlen Priesters empfunden, dessen Weltanschauung und Lebensauffassung mir fremd blieben. Er war eine große Persönlichkeit.

Seipels Weltunkenntnis hat seiner Politik leider schwer geschadet. Er hat die Korruption der christlich-sozialen und deutsch-nationalen Parteimänner, die seine Mitarbeiter waren, einfach nicht gesehen. Er hat nicht bemerkt, daß seine Parteifreunde nur an persönliche Bereicherung dachten.

Diese Parteifreunde, vor allem der Abgeordnete und Anwalt Viktor Kienböck, der später Finanzminister und dann Präsident der Nationalbank wurde, hatten Seipel mit Gottfried Kunwald in Verbindung gebracht. Kunwald, der Sohn eines hochangesehenen Wiener Anwalts, war von Geburt an ein Krüppel. Er konnte nur mühsam wenige Schritte machen, um von einem Zimmer ins andere zu humpeln. Er bedurfte ständig der Pflege und Wartung. Er mußte immer von zwei kräftigen Männern begleitet werden, die ihn aus dem Wagen hoben, zurücktrugen und ihm die Treppen hinauf und hinunter helfen mußten. Alle diese Hemmnisse tapfer überwindend hatte Kunwald seine Studien vollendet und das Doktorat der Rechte erworben. Die Advokatur blieb ihm verschlossen, da sein körperlicher Zustand ihm nicht gestattete, die vorgeschriebene einjährige Gerichtspraxis zu vollstrecken. Er betätigte sich jedoch in der Advokaturskanzlei, die sein Vater gegründet hatte und sein Schwager fortführte. Da er ein ausgezeichneter und kenntnisreicher Jurist war, hatte er eine zahlreiche Klientel.

Kunwald war sehr belesen, doch er konnte nicht nationalökonomisch denken. Er sah die wirtschaftlichen Probleme immer nur mit den Augen des Juristen, der Verträge entwerfen soll. Er war ein Gegner der Inflation, weil er die Zerrüttung der Wirtschaft, die sie bewirkte, als Jurist erkannt hatte. Als Rosenberg und ich den Kampf gegen die Inflation eröffnet hatten, war er bereit, uns auf seine Art zu unterstützen.

Kunwald genoß das unbegrenzte Vertrauen einer Anzahl christlich-sozialer Politiker und einiger Bankiers, denen er in schwierigen Angelegenheiten mit seinem juristischen Rat beigestanden war. Die Geschäfte dieser Freunde Kunwalds waren nicht immer einwandfrei. Diese christlich-sozialen Politiker nützten ihre Stellung im öffentlichen Leben rücksichtslos aus. Sie verschafften – gegen Vergütung – Kommissionen aller Art, sie unterstützten die Bewerbung um öffentliche Aufträge, sie übten Protektion bei allen Behörden und dergleichen. In der Inflationszeit hatten sie auf diesen Wegen viel verdient; sie fürchteten, daß die Stabilisierung ihre Interessen gefährden würde. Kunwald klärte sie darüber auf, daß die Inflationshausse auf jeden Fall bald ein Ende finden würde; er deutete ihnen zugleich an, daß er für sie auch nach der Stabilisierung Verdienstmöglichkeiten finden würde.

Als es Rosenberg und mir gelungen war, Seipel und seine Partei für die Stabilisierung zu gewinnen, wählten sie Kunwald zu ihrem Vertrauensmann für die Durchführung der erforderlichen Maßnahmen. Kunwald war der Aufgabe durchaus gewachsen. Wir haben mit ihm im ganzen gut zusammen arbeiten können. Er hat sich damals ausgezeichnet bewährt. Erst in späteren Jahren wurde Kunwalds Einfluß unheilvoll. Kunwald hatte zur Zeit des Kampfes um die Stabilisierung damit begonnen, einen Kreis von Bankiers, Ministerialbeamten und christlich-sozialen Politikern um sich zu versammeln, mit denen er eine Art finanzpolitisches Seminar abhielt. Diese Einrichtung behielt er auch später bei. Die vornehmste Aufgabe dieses Unterrichts war die Widerlegung oder Abschwächung meiner Kritik der herrschenden interventionistischen Wirtschaftspolitik. Es sei gar nicht so arg, wie ich es darstellte; Österreich mache wirtschaftliche Fortschritte, und es könne keine Rede davon sein, daß die interventionistische Wirtschaftspolitik nichts anderes bewirke als Kapitalaufzehrung.

Ich weiß bestimmt, daß Kunwald nicht guten Glaubens war, wenn er diese optimistischen Auffassungen vortrug. Er hat die Lage der Banken und der großen Industrieunternehmungen richtig beurteilt, und er hat auch mitunter Äußerungen gemacht, die nicht weniger pessimistisch waren als meine. Doch er glaubte, daß sein Einfluß bei den Ministern leiden würde, wenn er ihnen den wahren Sachverhalt ungeschminkt darlegte. Auf diesem Einfluß aber beruhte sein Einkommen als Anwalt und finanzieller Agent, der seinen Klienten Konzessionen und andere Begünstigungen verschaffte.

Es war außerordentlich schwer, Kunwalds ungünstigem Einfluß entgegenzutreten. In der Öffentlichkeit durfte man diese Dinge nicht frei erörtern, da man den Kredit der österreichischen Wirtschaft schonen mußte. Es wäre sehr leicht gewesen, die Tatsachen so darzustellen, daß jedermann die Notwendigkeit, die Politik der Kapitalaufzehrung aufzugeben, hätte einsehen müssen. Doch dann hätte man den Kredit der Banken im Auslande untergraben und die sofortige Bankrotterklärung der Banken unvermeidlich gemacht. Ich war daher genötigt, mir in den Bemühungen, einen Wechsel der Wirtschaftspolitik herbeizuführen, besondere Beschränkungen aufzuerlegen, um die Öffentlichkeit nicht zu beunruhigen und den Kredit der Banken und der Industrie nicht zu erschüttern. Diese Rücksichtnahme hat mein Verhalten in der dritten Periode geleitet, die von der Valutastabilisierung im Jahre 1922 bis zum Zusammenbruch der Creditanstalt im Frühjahr 1931 reichte. Je schlimmer die Lage durch das Andauern der verhängnisvollen Politik wurde, desto größer wurde die Gefahr einer Kreditkrise und desto wichtiger wurde es, das Ausland nicht zu beunruhigen. Nach dem Zusammenbruch der Bodenkreditanstalt im Jahre 1929 habe ich selbst angeregt, in London eine Ausstellung von graphischen Darstellungen der Fortschritte, die die Produktion in Österreich seit 1922 gemacht hatte, zu veranstalten. Daß diese Fortschritte nur sehr problematisch waren, war sowohl mir als auch Hayek, der als Leiter des Konjunkturforschungsinstituts die Tafeln ausgearbeitet hatte, klar. Doch den herrschenden merkantilistischen Anschauungen erschienen sie als Fortschritte. Ich konnte kein Arg darin erblicken, wenn man sie dem Auslande vorführte. Die Tabellen haben nur Zahlen verwendet, die statistisch einwandfrei waren.

Ich habe bei aller Rücksichtnahme auf die kreditpolitischen Bedenken niemals eine schönfärberische Darstellung der Verhältnisse gegeben oder die Unterdrückung oder gar Verfälschung der statistischen Materialien geduldet. Für die früher erwähnte Wirtschaftskommission regte ich beim Konjunkturforschungsinstitut eine Untersuchung über die Kapitalaufzehrung an. Als die Redaktionskommission die Ergebnisse dieser Erhebungen in ihrem Bericht veröffentlichen wollte, erhoben die Banken Einspruch. Ich habe damals schon gewußt, daß die große Bankenkrise unmittelbar vor der Tür stand und wollte alles vermeiden, was ihren Ausbruch beschleunigen konnte. Die Bedenken der Banken waren unberechtigt. Aber ich gab meine Zustimmung, daß die Veröffentlichung dieser Erhebung weder durch die Wirtschaftskommission noch durch das Konjunkturinstitut erfolgen sollte, sondern durch den Leiter des Instituts, Oskar Morgenstern, unter seinem eigenen Namen.

Die Arbeit, die ich in dieser dritten Periode meiner politischen Wirksamkeit im Nachkriegs-Österreich zu leisten hatte, war noch mehr Kleinarbeit als in den beiden früheren Abschnitten. Es war Kleinarbeit in täglichem Kampf gegen Unwissenheit, Unfähigkeit, Indolenz, Bosheit und Korruption. Ich stand in diesem Kampf nicht allein. Liebe gute Freunde halfen mir, vor allem Siegfried Strakosch von Feldringen, Gustav Weiss von Wellenstein und Victor Graetz. Ganz besonders wertvoll war für mich die Unterstützung, die mir meine Mitarbeiterin in der Kammer, Therese Wolf-Thieberger, zuteil werden ließ. Ihre außerordentliche Intelligenz, ihre Unverdrossenheit in der Arbeit und ihre persönliche Tapferkeit haben mir über schwere Stunden hinweggeholfen.

In all diesen Jahren hat das Schlagwort von der «Lebensunfähigkeit» Österreichs verderblich gewirkt. Inner- und außerhalb Österreichs war jedermann davon überzeugt, daß Österreich nicht «lebensfähig» sei. Ein «kleines» Land könne nicht selbständig bestehen, besonders dann nicht, wenn es wichtige Rohstoffe aus dem Auslande einführen müsse. Daher müsse Österreich den Anschluß an ein größeres Wirtschaftsgebiet suchen, d.h. den Anschluß an das Deutsche Reich.

Außerhalb Österreichs wurde diese Auffassung auch von den Kreisen geteilt, die in dem Friedensvertrag von St. Germain das Anschlußverbot eingefügt hatten. Um Österreichs weitere politische Unabhängigkeit zu ermöglichen, empfahlen diese Kreise besondere wirtschaftliche Privilegien. Die Gewährung der Völkerbundanleihe zur Durchführung der Seipelschen Sanierung im Jahre 1922 erfolgte in diesem Sinne. Österreich hat damals keine auswärtige Anleihe benötigt. Was es benötigte, war ein ausländischer Finanzkommissar. Die Regierung mußte die Möglichkeit haben, das Odium, das dem Veto gegen Ausgabensteigerung anhaftet, auf einen Ausländer abwälzen zu können. Der Völkerbund bestellte zum Finanzkommissar einen unwissenden, taktlosen und arroganten Holländer namens Zimmermann. Die Geschäfte besorgte in seinem Namen ein Beamter des Finanzministeriums, Hans Patzauer. Patzauer war ein hervorragend begabter, charakterfester und kenntnisreicher Mann, der seiner Aufgabe durchaus gewachsen war. Er ist, noch nicht fünfzig Jahre alt, kurze Zeit vor dem Ablauf der Mission Zimmermanns gestorben. Wie notwendig diese finanzielle Bevormundung des österreichischen Staates war, beweist der Umstand, daß die Regierung schon wenige Stunden nach ihrer Beendigung die Garantie für die Verpflichtungen einer insolvent gewordenen Bank, der Zentralbank deutscher Sparkassen, übernahm.

Abgesehen von der Bewilligung dieser Anleihe und einer weiteren im Jahre 1932 haben die Westmächte jedoch nichts getan, um Österreich zu fördern. Als die Nationalsozialisten der österreichischen Holzausfuhr nach dem Deutschen Reich Schwierigkeiten in den Weg legten, bemühte man sich vergebens, die französische Regierung zu veranlassen, zollpolitische Erleichterungen für die Ausfuhr von Holz nach Frankreich zu gewähren.

Die Legende von der Lebensunfähigkeit Österreichs war in den Augen der Deutsch-Nationalen, die sich seit dem Untergange der Monarchie als Großdeutsche bezeichneten, ein durchschlagendes Argument zugunsten des Anschlusses. Für die Christlich-Sozialen, die nur zum Scheine für den Anschluß waren und alles taten, um ihn zu verhindern, war sie ein bequemes Mittel, um alle Versuche, die Wirtschaftspolitik in vernünftige Bahnen zu lenken, zu sabotieren. Wir sind ja, sagten sie, ohnehin lebensunfähig; es ist also zwecklos, nach einer Wirtschaftspolitik Umschau zu halten, die unseren Staat lebensfähig machen könnte. Es wurde geradezu als unpatriotisch angesehen, Reformen vorzuschlagen, die die wirtschaftliche Lage verbessern sollten. Die Theorie von der Lebensunfähigkeit galt als das wichtigste Aktivum der Außenpolitik; mit ihrer Hilfe, dachte man, werde man von den Westmächten Begünstigungen aller Art erlangen können. Wer diese Lehre öffentlich kritisierte, wie es z. B. Friedrich Otto Hertz tat, erschien daher als ein Verräter.

Es ist nicht nötig, die Unhaltbarkeit der Lehre von der Lebensunfähigkeit kleiner Staaten aufzuzeigen. Ich will nur darauf hinweisen, wie widerspruchsvoll die Berufung auf die vermeintliche Lebensunfähigkeit im Munde der regierenden Schutzzöllner war. Neuösterreichs Industrie hatte unter der Auflösung des Zollgebiets der alten Monarchie weniger zu leiden gehabt als die Industrie der Sudetenländer. Seit 1918 hatten manche österreichische Industrien, vom Drucke der sudetenländischen Konkurrenz befreit, ihre Produktion steigern können. Andere Industrien – z. B. die Zuckerindustrie – waren in Österreich neu entstanden. Im alten Zollgebiet hatte die neuösterreichische Landwirtschaft gegenüber der ungarischen Landwirtschaft einen schweren Stand gehabt. Nun konnte sie, dank einer prohibitiven Handelspolitik, ihre Produktion beträchtlich erweitern. Daß Österreich Kohlen einführen mußte, war bei der ungünstigen Gestaltung des Kohlenmarktes kein Nachteil. Überhaupt muß man beachten, daß in der Depression, die 1929 ihren Anfang nahm, die Preise der Rohstoffe schneller und stärker fielen als die der Industrieprodukte; die Depression hat die Industrieländer weniger schwer getroffen als die Agrar- und Rohstoffländer. Es war nicht berechtigt, daß Österreich in die Klagen über den Niedergang der Rohstoffpreise einstimmte.

Auch finanziell hatte Neuösterreich unter der Auflösung des alten Staates weniger gelitten als andere Reichsteile. Von den im Bereich des späteren Neuösterreich im alten Reiche eingegangenen Steuern hatte die Regierung zu den Kosten der Verwaltung in den übrigen Reichsteilen Beiträge entnommen; die Niederösterreicher zum Beispiel hatten nicht von Tributen der anderen Reichsteile, etwa Galiziens oder Dalmatiens, gelebt, sondern hatten diesen Subventionen gewährt.

Man hat davon gesprochen, daß das neue Österreich einen unverhältnismäßig großen Teil des Verwaltungsapparates des alten Großstaates habe übernehmen müssen. Auch das ist unrichtig. Neuösterreich hat eine kleine Zahl von Beamten, meist Angestellte der Staatsbahnen, die in den übrigen Reichsteilen gearbeitet hatten, in den österreichischen Staatsdienst übernommen. Die genaue Zahl konnte nie ermittelt werden; die Beamten haben jeden Versuch, diese Daten festzustellen, vereitelt. Doch es ist kein Zweifel, daß es sich um weit weniger als tausend Angestellte gehandelt hat. Zur gleichen Zeit aber wurden, besonders bei den Bahnen, viele Tausende, ja Zehntausende von Leuten neu aufgenommen. Der Überfluß von Beamten im neuen Österreich hatte nichts mit der Hinterlassenschaft des alten Reiches zu tun.

Die lähmende Wirkung, die vom Schlagworte «Lebensunfähigkeit» ausging, kann nicht genug hoch veranschlagt werden. Wo immer ein Reformvorschlag auftauchte, wurde er sogleich durch Berufung auf dieses Schlagwort abgelehnt. Die berüchtigte «Schlamperei», das unglückselige «da lasst sich nix machen», fanden in ihm eine allgemein anerkannte Rechtfertigung.

Dieser Tatbestand hat mich zeitweilig in meiner Haltung gegenüber dem Anschluß-Programm schwankend gemacht. Ich war nicht blind für die Gefahren, die der österreichischen Kultur im Verbande des Deutschen Reiches drohten. Doch es gab Augenblicke, in denen ich mich fragen mußte, ob der Anschluß nicht ein geringeres Übel sei als die Fortsetzung einer Politik, die unfehlbar zur Katastrophe führen mußte.

Dem Namen nach regierte in Österreich seit der Sanierung im Jahre 1922 eine Koalition der Christlich-Sozialen und der Großdeutschen. Die Sozialdemokraten standen in der Opposition und machten für alle Mängel des herrschenden Systems die «bürgerlichen» Parteien verantwortlich. Der tatsächliche Zustand war freilich ganz anders. Das Schwergewicht der Exekutive lag in der Hand der Länder und der Landesregierungen, die von den Landtagen gewählt wurden. Die Machtbefugnisse des Bundes, des Bundesparlaments und der Bundesregierung waren beschränkt. Im wichtigsten, reichsten und an Bevölkerungszahl größten Bundesland, in der Stadt Wien, herrschte die sozialdemokratische Partei unumschränkt und nützte ihre Machtstellung zu einem rücksichtslosen Vernichtungs-krieg gegen die kapitalistische Wirtschaftsordnung aus. In dem nächst-wichtigen Bundesland, in Niederösterreich, regierte eine Koalititon der Sozialdemokraten und der Christlich-Sozialen; hier bildeten die Groß-deutschen die Opposition. Im drittwichtigsten Bundesland, der Steier-mark, nahmen die Sozialdemokraten gleichfalls an der Regierung teil. Nur in den kleinen, an finanziellen Hilfsmitteln armen und bevölkerungs-armen Ländern waren die Sozialdemokraten in der Opposition. Doch die eigentliche Machtstellung der Sozialdemokratie beruhte nicht auf ihrer parlamentarischen Vertretung und auf ihrer Teilnahme an der Regierung, sondern auf ihrem Terror-Apparat. Die sozialdemokratische Partei be-herrschte alle Gewerkschaften, vor allem auch die der Angestellten der Bundesbahnen und der Post-, Telegrafen- und Telefonverwaltung. Sie konnte jeden Augenblick durch Streiks das ganze Wirtschaftsleben lahm-legen; sobald ihr etwas an der Haltung der Bundesregierung mißfiel, drohte sie mit dem Streik in lebenswichtigen Betrieben, und die Regierung mußte nachgeben. Noch stärker aber fiel ins Gewicht, daß die Sozialde-mokratie über eine mit Gewehren und Maschinengewehren, ja auch mit leichter Artillerie wohlausgerüstete, mit reicher Munition versehene Par-teiarmee verfügte, die an Mannschaftszahl mindestens dreimal so stark war als die der Regierung zur Verfügung stehenden Truppen (Bundes-wehrmacht, Gendarmerie und Polizei). Die Bundeswehrmacht hatte we-der Tanks noch schwere Artillerie noch Flugzeuge, da der Friedensvertrag dies verwehrte und die Militärattachés der Mächte über die Einhaltung dieser Entwaffnungsbestimmungen streng wachten. Gegenüber den So-zialdemokraten waren die Westmächte nachsichtiger. Sie hatten es in den auf den Abschluß des Waffenstillstandes und der Unterzeichnung des Friedensvertrages folgenden Monaten geduldet, daß die Sozialdemokra-ten aus den Beständen der alten Armee so viel Waffen und Munition zur Seite schafften, als sie nur konnten und wollten; sie duldeten später den Bezug von Waffen und Munition aus der Tschechoslowakei. Die sozial-demokratische Armee, offiziell als «Ordner» bezeichnet, hielt offene Aufmärsche und Felddienstübungen ab. Die Regierung war nicht imstan-de, dagegen aufzutreten. Die Sozialdemokratie nahm unbestritten für sich das «Recht auf die Straße» in Anspruch.

Dieses Recht hatten die Sozialdemokraten schon im alten Reich er-kämpft. In der Bewegung, die im Jahre 1907 zur Einführung des allgemei-nen, gleichen und direkten Wahlrechts für das österreichische Abgeordne-tenhaus führte, hatte die sozialdemokratische Partei Regierung und Ab-geordnetenhaus durch Terror einzuschüchtern und gefügig zu machen versucht. Die österreichische Verfassung hatte ausdrücklich das Verbot ausgesprochen, zur Zeit der Tagung des Reichsrates in seinem Umkreis Versammlungen unter freiem Himmel abzuhalten; man wollte dem Reichsrat die Möglichkeit sichern, seine Entschlüsse ohne Rücksicht auf die Stimmung der Massen der Hauptstadt frei fassen zu können. Die Stadt Wien war vor 1907 im Abgeordnetenhaus ohnehin weit stärker vertreten, als der Zahl ihrer Bevölkerung entsprochen hätte. Doch die Sozialdemokraten achteten dieses Verbot nicht, und die kaiserliche Regierung wich zurück. Am 28. November 1905 herrschte in Wien vollkommene Arbeitsruhe, und 250 000 Arbeiter zogen, militärisch in Achterreihen formiert, unter der Führung der Parteifunktionäre über die Ringstraße am Reichsratsgebäude vorbei. Am Abend jenes Tages traf ich zufällig Otto Bauer im Kaffeehause. Bauer war ganz berauscht von dem Erfolg dieses Aufmarsches und sagte befriedigt, die Sozialdemokratie habe nun die Herrschaft über die Straße erkämpft und werde sie für alle Zukunft zu bewahren wisen. Ich war anderer Meinung. Ich fragte Bauer: «Was wird geschehen, wenn einmal eine andere Partei mit organisierten Kräften auf die Straße gehen wird? Muß es dann nicht zum Bürgerkrieg kommen?» Bauers Antwort war sehr charakteristisch. «So», sagte er, »kann nur ein Bourgeois fragen, der nicht erkannt hat, daß die Zukunft uns allein gehört. Woher soll denn jene Partei kommen, die es wagen dürfte, dem sozialdemokratisch organisierten Proletariat entgegenzutreten? Wenn wir einmal die Herrschaft erlangt haben werden, wird es keine Reaktion mehr geben.»

Der Marxismus machte die Sozialdemokraten blind und dumm. In den ersten Jahren der österreichischen Republik hörte ich einmal den Wiener sozialdemokratischen Bürgermeister Seitz bemerken: «Die Herrschaft der Sozialdemokratie in Wien ist nun für alle Zukunft gesichert. Schon im Kindergarten wird dem Kind proletarisches Klassenbewußtsein beigebracht, die Schule lehrt Sozialdemokratie, und die Gewerkschaft vollendet diese Erziehung. Der Wiener wird in die Sozialdemokratie hineingeboren, er lebt in ihr und stirbt, wie er gelebt hat.»

Ich zog mir das Mißfallen aller Anwesenden zu, als ich meine Entgegnung auf die Anführung einer Wiener Redensart beschränkte: «Es sollen auch schon vierstöckige Hausherren gestorben sein.»

Der Terror, den die Sozialdemokratie ausübte, zwang die übrigen Österreicher zum Aufbau eines Abwehrapparates. Die Versuche begannen schon im Winter 1918/19. Nach verschiedenen Fehlschlägen gelang es schließlich der Heimwehr, einige Erfolge in der Organisation zu erzielen. Doch ihre Mittel und die Zahl ihrer Anhänger blieben bis 1934 bescheiden, und Eifersüchteleien zwischen den Führern lähmten ihre Aktionskraft.

Ich habe mit Entsetzen diese – freilich unvermeidliche – Entwicklung gesehen. Es war klar, daß Österreich dem Bürgerkrieg entgegenging. Ich konnte nichts dagegen unternehmen. Selbst meine besten Freunde waren der Meinung, daß man der Gewalt der Sozialdemokratie nur durch Gewalt entgegentreten könne.

Das Aufkommen der Heimwehr brachte einen neuen Typus in die Politik. Abenteurer ohne Bildung, Desperados mit beschränktem Gesichtskreis kamen in die Höhe, weil sie gut exerzieren konnten und über eine laute Kommandostimme verfügten. Ihre Bibel war das Exerzierreglement, ihr Schlagwort hieß «Autorität». Sie identifizierten Demokratie mit Sozialdemokratie und erblickten daher in der «Demokratie» das schädlichste aller Übel. Später klammerten sie sich an das Schlagwort «Ständestaat». Ihr soziales Ideal war ein Militärstaat, in dem sie allein befehlen sollten.

Mit dem Zusammenbruch der Creditanstalt im Mai 1931 kam die dritte Periode meiner Wirksamkeit in der Kammer zum Abschluß. Nun blieb mir nur noch ein beschränkter Spielraum zur Betätigung frei. Ich habe mich mit dem Aufgebot aller meiner Kräfte gegen die inflationistische Politik, die die Regierung wieder aufgenommen hatte, zur Wehr gesetzt. Daß die Inflation damals nicht weiter ging als bis zum Kurs von 175 Schilling (statt 139 Schilling) für 100 Schweizer Francs und eine neue Stabilisierung zu diesem Kurse sehr bald wieder erfolgte, war allein mein Verdienst.

Doch der Kampf um Österreich blieb verloren. Auch wenn ich vollen Erfolg gehabt hätte, wäre Österreich nicht zu retten gewesen. Der Feind, der es vernichten sollte, kam von außen her. Österreich konnte dem Ansturm der Nationalsozialisten, die bald ganz Europa überschwemmen sollten, nicht auf die Dauer Widerstand leisten.

Es gab kein innenpolitisches Problem mehr für Österreich. Das Schicksal Österreichs lag in den Händen Westeuropas. Wer für Österreich wirken wollte, mußte es im Auslande tun. Als mir im Frühjahr 1934 die Lehrkanzel für «International Economic Relations» am Genfer «Institut Universitaire des Hautes Etudes Internationales» angeboten wurde, nahm ich mit Freuden an. Ich behielt meine Stellung in der Handelskammer bei und kam zeitweilig nach Wien, um meine alte Tätigkeit fortzusetzen; doch ich war entschlossen, nicht vor der Vernichtung des nationalsozialistischen Reiches nach Wien zurückzukehren. Ich werde auf die politische Wirksamkeit, die ich zwischen 1934 und 1938 entfaltete, noch im weiteren Verlaufe dieser Darstellung zurückkommen.

Ich habe 16 Jahre in der Kammer einen Kampf gekämpft, in dem ich schließlich nichts anderes erreicht habe als einen Aufschub der Katastrophe. Ich habe schwere persönliche Opfer gebracht, obwohl ich immer vorausgesehen habe, daß mir der Erfolg versagt bleiben würde. Doch ich bereue nicht, daß ich dieses Unmögliche versucht habe. Ich habe nicht anders handeln können. Ich habe gekämpft, weil ich nicht anders konnte.

IX. Meine Lehrtätigkeit in Wien

Kein anderer Beruf schien mir anstrebenswerter als der des Universitätslehrers. Ich habe frühzeitig erkannt, daß es mir als Liberalem stets verwehrt bleiben würde, die ordentliche Professur an einer Hochschule des deutschen Sprachgebietes zu erlangen. Ich habe das nur darum bedauert, weil es mich zwang, für meinen Lebensunterhalt durch nichtakademische Arbeit zu sorgen. Die Privatdozentur schien mir ausreichende Möglichkeit für ersprießliche Lehrtätigkeit zu bieten.

Ich bin im Jahre 1913 als Privatdozent an der Wiener rechtswissenschaftlichen Fakultät zugelassen worden und habe im Frühjahr 1918 den Titel eines außerordentlichen Universitätsprofessors erhalten. Weiter bin ich in der akademischen Laufbahn in Österreich nicht gekommen. Ich nehme an, daß die Nationalsozialisten mich 1938 aus der Liste der Privatdozenten gestrichen haben. Sie haben es aber nicht der Mühe wert erachtet, mich davon zu verständigen.

In den ersten Jahren meiner akademischen Tätigkeit habe ich auch Vorlesungen gehalten. Später habe ich mich auf die Abhaltung eines zweistündigen Seminars über Probleme der nationalökonomischen Theorie beschränkt. Der Erfolg dieses Unterrichts wuchs von Jahr zu Jahr. Nahezu alle Studenten, die das Studium der Nationalökonomie ernst nahmen, besuchten mein Seminar. Sie waren freilich nur ein kleiner Teil der vielen hundert Studierenden, die jedes Jahr den Doktortitel beider Rechte oder den Doktortitel der Staatswissenschaften erwarben. Doch meine Übungen waren überfüllt. Ein Seminar sollte nie mehr als 20 bis 25 Teilnehmer haben; bei mir gab es regelmäßig 40 bis 50 Teilnehmer.

Nach dem Rücktritt Wiesers und dem Abgang Grünbergs nach Frankfurt waren die Inhaber der drei nationalökonomischen Lehrkanzeln Othmar Spann, Hans Mayer und Ferdinand Graf Degenfeld-Schonburg. Spann kannte die moderne Nationalökonomie kaum; er lehrte nicht Nationalökonomie, er predigte Universalismus, d. h. Nationalsozialismus. Degenfeld hatte noch weniger Ahnung von den Problemen der Nationalökonomie; das Niveau seines Unterrichts wäre kaum für eine Handelsschule niederen Ranges als ausreichend befunden worden. Mayer war der Lieblingsschüler Wiesers. Er kannte die Werke von Wieser und auch noch die von Böhm und Menger. Er selbst war ganz kritiklos, hat nie einen selbständigen Gedanken hervorgebracht, hat eigentlich nie begriffen, worum es in der Nationalökonomie ging. Das Bewußtsein seiner Sterilität und Unfähigkeit bedrückte ihn schwer, machte ihn unstet und heimtückisch. Er füllte seine Zeit mit einem offenen Kampf gegen Spann und mit boshaften Intrigen gegen mich. Seine Vorlesungen waren jämmerlich, sein Seminar nicht viel besser. Ich brauchte mir nichts darauf einzubilden, daß die Studenten, die jungen Doktoren und die vielen Ausländer, die ein oder zwei Semester in Wien arbeiten wollten, meinen Unterricht vorzogen.

Spann und Mayer waren auf meine Erfolge eifersüchtig und suchten mir die Hörer abspenstig zu machen. Die Studenten behaupteten, daß sie bei den Rigorosen die Kandidaten, die bei mir belegt hatten, außerordentlich schlecht behandelten. Ich habe die Richtigkeit dieser Behauptung nicht nachprüfen können. Ich habe jedoch den Studenten im Seminar immer erklärt, daß ich kein Gewicht darauf legte, daß sie bei mir offiziell belegten. Die Studenten haben von dieser Erlaubnis in großem Umfang Gebrauch gemacht. Von durchschnittlich 40 bis 50 Teilnehmern waren in der Regel kaum acht oder zehn formell für meine Übungen inskribiert. Die Ordinarien haben auch jenen Kandidaten für das Doktorat der Staatswissenschaften große Schwierigkeiten in den Weg gelegt, die ihre Doktorarbeit bei mir machen wollten. Wer sich habilitieren wollte, mußte besonders darauf bedacht sein, nicht als mein Schüler angesehen zu werden.

Den Studenten, die mein Seminar belegt hatten, wurde der Zutritt zur Bibliothek des nationalökonomischen Seminars verweigert, wenn sie nicht auch das Seminar eines der drei Ordinarien belegt hatten. Diese Maßnahme verfehlte ganz ihren Zweck. Ich hatte die Bibliothek der Handelskammer zu einer vorzüglichen Büchersammlung ausgestalten lassen. Besonders die moderne angelsächsische Literatur war dort unvergleichlich besser vertreten als im Universitäts-Seminar.

Alle diese Dinge haben mich nicht stören können. Viel schwerer fiel ins Gewicht das niedrige Niveau des gesamten Lehrbetriebs an der Wiener Universität. Der Glanz, der diese Hochschule in meinen Studentenjahren umstrahlt hatte, war längst geschwunden. Viele Professoren durften nicht einmal als gebildete Leute bezeichnet werden. An der juristischen Fakultät und an dem geisteswissenschaftlichen Teil der philosophischen Fakultät waltete ein Geist vor, dem Kultur und Wissenschaft fremd waren. In der ersten Hälfte der zwanziger Jahre wurde ich mehrmals zu Besprechungen führender Universitätsordinarien eingeladen, deren Gegenstand die Erhöhung des staatlichen Universitätsbudgets bildete; man hat mich zu diesen Besprechungen zugezogen, weil man auf meine Befürwortung beim Ministerialrat Patzauer, dem Adlatus des Völkerbundkommissars Zimmermann, rechnete. Als in einer dieser Besprechungen ein Brief eines ausländischen Freundes der Wiener Kultur verlesen wurde, in dem auch die

Ausdrücke ‹Pragmatismus›, ‹Behaviorismus› und ‹Revival› vorkamen, stellte es sich heraus, daß keiner der Anwesenden einen dieser Ausdrücke je gehört hatte. Bei einer anderen Gelegenheit ergab es sich, daß der Name ‹Benedetto Croce› *allen* und der ‹Henri Bergson› den meisten unbekannt war. Zu den Teilnehmern an diesen Besprechungen gehörten u. a. der Präsident der Akademie der Wissenschaften, Oswald Redlich, der eine Professur für Geschichte des Mittelalters bekleidete, und der Ordinarius für Strafrecht, Graf Wenzel Gleispach.

Man kann sich demnach eine Vorstellung von dem durchschnittlichen Bildungsstande der Studenten machen. Ich prüfte bei der staatswissenschaftlichen Staatsprüfung Nationalökonomie und Finanzwissenschaft. Die Unkenntnis, die die Kandidaten an den Tag legten, war niederschmetternd; noch ärger war es, daß die Mitglieder der Prüfungskommission dieses Versagen gar nicht schwer nahmen. Ich erinnere mich, daß ich einmal Mühe hatte, die Kommission zu überreden, einen Kandidaten durchfallen zu lassen, der glaubte, daß Marx im 18. Jahrhundert gelebt hatte, die Biersteuer für eine direkte Steuer hielt und in der Prüfung über Staatsrecht u. a. gezeigt hatte, daß ihm der Begriff ‹Verantwortlichkeit der Minister› fremd war. Freilich mußte ich eines Tages erfahren, daß solche Unwissenheit auch an höchster Stelle anzutreffen war. Der Bundespräsident Miklas, der Geschichtsprofessor an einem Gymnasium gewesen war, hatte einmal mit mir und dem damaligen Präsidenten der Nationalbank, Professor Richard Reisch, eine Unterredung über die Meistbegünstigungsklausel. Im Laufe dieses Gesprächs erwähnte ich den Frankfurter Frieden. Miklas fragte darauf, wann und zwischen welchen Staaten dieser Friedensvertrag abgeschlossen worden sei.

Es bestand in Österreich eine unüberbrückbare Kluft zwischen der verschwindend kleinen Gruppe Wiener Intellektueller und der Masse der – sogenannten – Gebildeten. Das Unterrichtswesen lag so tief darnieder, daß es den jungen Leuten keine Bildung zu geben vermochte. Die Mehrzahl der Doktoren der Rechte, der Staatswissenschaften und der Philosophie war für den Beruf unzulänglich ausgebildet, konnte nicht denken und pflegte ernsten Büchern aus dem Wege zu gehen. Von hundert Wiener Anwälten waren höchstens zehn imstande, eine Zuschrift in englischer oder französischer Sprache zu lesen. Außerhalb Wiens und bei den im öffentlichen Dienst stehenden Juristen war das Verhältnis noch weit schlechter.

Ich bin mit diesen Dingen als Sekretär der Handelskammer in Berührung gekommen. Als Lehrer hatte ich es nur mit einer Auslese der Begabtesten zu tun. Auch als ich in den Jahren 1906 bis 1912 Nationalökonomie in dem Abiturientenkurs der Wiener Handelsakademie für Mädchen lehrte und im Studienjahr 1918–1919 an der Wiener Exportakademie (später Hochschule für Welthandel) einen Kursus für Offiziere, die ins bürgerliche Leben übertreten wollten, abhielt, hatte ich es vorwiegend mit Hörern zu tun, die über dem Durchschnitt standen.

Der Schwerpunkt meiner Lehrtätigkeit lag in meinem «Privatseminar». Seit 1920 pflegte ich in den Monaten Oktober bis Juni alle vierzehn Tage eine Anzahl von jüngeren Leuten um mich zu versammeln. Mein Arbeitszimmer in der Handelskammer war geräumig genug, um 20 bis 25 Personen zu fassen. Wir pflegten um 7 Uhr abends zu beginnen und um 10.30 Uhr Schluß zu machen. In diesen Zusammenkünften haben wir zwanglos alle wichtigen Probleme der Nationalökonomie, der Sozialphilosophie, der Soziologie, der Logik und der Erkenntnistheorie der Wissenschaften vom menschlichen Handeln erörtert. In diesem Kreise lebte die Jüngere Österreichische Schule der Nationalökonomie, in diesem Kreise entfaltete die Wiener Kultur eine ihrer letzten Blüten.

Hier war ich nicht Lehrer und Seminarleiter. Ich war nur ein *primus inter pares,* der mehr empfing als gab.

Alle, die dem Kreise angehörten, kamen freiwillig, nur vom Drang nach Erkenntnis geführt. Sie kamen als Schüler, doch im Laufe der Jahre wurden sie zu Freunden. Später schlossen sich auch einige meiner Altersgenossen dem Kreise an. Auswärtige Forscher, die Wien besuchten, waren gern gesehene Gäste und nahmen eifrig an den Verhandlungen teil.

Das Privatseminar hatte keinerlei offizielle Bedeutung oder Funktion. Es hatte weder mit der Universität noch mit der Handelskammer etwas zu tun. Es war und blieb stets der Kreis meiner – weit jüngeren – Freunde. Die Außenstehenden wußten nichts von unseren Zusammenkünften; sie sahen nur die Arbeiten, die die einzelnen Teilnehmer veröffentlichten.

Wir bildeten keine Schule, keine Gemeinde und keine Sekte. Wir haben einander mehr durch Widerspruch als durch Zustimmung gefördert. Wir waren nur in einem einig und verbunden: in dem Streben nach Aufbau der Wissenschaften vom menschlichen Handeln. Jeder ging frei den Weg, den ihm sein Gesetz wies. Wir haben nie organisiert oder sonst etwas unternommen, was dem widerlichen «Betrieb» der wilhelminischen und nachwilhelminischen «Wissenschaftler» geglichen hätte. Wir haben nie den Gedanken erwogen, eine Zeitschrift oder ein Sammelwerk herauszugeben. Jeder hat für sich gewirkt, wie es dem Denker ziemt. Doch jeder einzelne von uns hat für den Kreis geschaffen und suchte keinen anderen Lohn als die Anerkennung – nicht den Beifall – der Freunde.

Es war ein Großes um diesen anspruchslosen Austausch von Ideen; wir alle haben darin Glück und Befriedigung gefunden.

Neben dem Privatseminar gab es noch eine zweite Vereinigung der Freunde nationalökonomischer Forschung. Karl Pribram, Emil Perels, Else Cronbach und ich hatten seit dem 12. März 1908 regelmäßige Zusammenkünfte veranstaltet, die der Besprechung nationalökonomischer Probleme und grundlegender Fragen der Nachbardisziplinen gewidmet waren. Der Kreis erweiterte sich bald; der schöne Sitzungssaal der Zentralstelle für Wohnungsreform gab ihm einen würdigen Rahmen. Als ich im Kriege von Wien abwesend war, ging man in der Zulassung neuer Teilnehmer ungeschickt vor. Die Harmonie der Verhandlungen wurde gestört, und als ich heimkehrte, hatten die Zusammenkünfte aufgehört. Gleich nach dem Kriege suchte ich, der Sache neues Leben einzuflößen. Wir mußten nun, um nicht mit den Behörden in Konflikt zu kommen, einen förmlichen Verein bilden, den wir ‹Nationalökonomische Gesellschaft› nannten. Wieder zeigten sich nach kurzer Zeit Schwierigkeiten; es stellte sich heraus, daß eine Zusammenarbeit mit Spann nicht möglich war. Nach einiger Zeit gelang es, Spann zu entfernen, und die Gesellschaft konnte ihre Tätigkeit wieder aufnehmen.

Zum Mitglied der Gesellschaft konnte jeder gewählt werden, der ein ernstes Interesse an nationalökonomischen Problemen bekundete. Wir haben in unregelmäßigen Abständen im Sitzungssaal des Bankenverbandes Abende veranstaltet, an denen von Vereinsmitgliedern oder von auswärtigen Gästen Vorträge gehalten wurden, an die sich immer eine eifrige Diskussion anschloß. Den Kern der Mitgliederschaft bildeten die Teilnehmer meines Privatseminars; doch daneben standen eine Reihe vorzüglicher Nationalökonomen, so Richard Schüller, Siegfried von Strakosch, Victor Graetz und viele andere.

Da die Nationalökonomische Gesellschaft die Universitätsordinarien nicht brüskieren wollte, mußte man Hans Mayer zum Vorsitzenden der Gesellschaft bestellen. Ich selbst war Vorsitzender-Stellvertreter. Als ich 1934 nach Genf ging und nur zu kurzen Besuchen nach Wien zurückkehrte, begann die Gesellschaft langsam einzuschlafen.

Am 19. März 1938 versendete Hans Mayer an alle Mitglieder ein Schreiben folgenden Wortlauts: «Mit Rücksicht auf die geänderten Verhältnisse in Deutschösterreich wird mitgeteilt, daß infolge der nunmehr auch für dieses Land geltenden bezüglichen Gesetze alle nichtarischen Mitglieder aus dem Verein Nationalökonomische Gesellschaft ausscheiden.»

Das war das letzte, was man von der Nationalökonomischen Gesellschaft vernommen hat.

Verzeichnis der ständigen Teilnehmer des Privatseminars[19]

Ludwig Bettelheim-Gabillon
Victor Bloch
Stephanie Braun-Browne
Friedrich Engel von Janosi
Walter Froehlich
Gottfried von Haberler
Friedrich A. von Hayek
Marianne von Herzfeld
Felix Kaufmann
Rudolf Klein
Helene Lieser-Berger
Rudolf Loebl
Gertrud Lovasy

Fritz Machlup
Ilse Mintz-Schüller
Oskar Morgenstern
Elly Offenheimer-Spiro
Adolf G. Redlich-Redley
Paul N. Rosenstein-Rodan
Karol Schlesinger
Fritz Schreier
Alfred Schütz
Richard von Strigl
Eric Voegelin
Robert Wälder
Emanuel Winternitz

---

[19] Folgende der Genannten wurden akademische Lehrer der Nationalökonomie; Martha Steffy Browne, Gottfried von Haberler, Friedrich A. von Hayek, Fritz Machlup, Oskar Morgenstern, Paul N. Rosenstein-Rodan, Richard von Strigl, Walter Froehlich (dieser war während der Zeit des Seminars Anwalt). – Felix Kaufmann wurde zu einem bahnbrechenden Methodologen der Sozialwissenschaften, Alfred Schütz einer der bedeutendsten (phänomenologisch ausgerichteten) Soziologen der westlichen Welt, Eric Voegelin Politikwissenschaftler und Geschichtsphilosoph. – Historiker waren Friedrich Engel von Janosi (der als Universitätslehrer im März 1978 in Wien starb), Marianne von Herzfeld (war Sekretärin des Wiener Bankverbandes. Später wurde sie Leiterin eines Jugendheimes in Edinburgh und arbeitete dann bis zu ihrem Tode als Übersetzerin) und Rudolf Klein (später in New York als Finanzmakler tätig). – Als Nationalökonomen arbeiteten weiters Helene Lieser-Berger (als leitende Sekretärin der International Economic Association, Paris), Gertrud Lovasy (im International Monetary Fund) und Ilse Mintz-Schüller (im «Senior Staff» des National Bureau of Economic Research tätig, später an der Columbia University). Der Ungar Karol Schlesinger repräsentierte den Typus des stark mathematisch interessierten Ökonomen (er nahm sich beim Einmarsch Hitlers nach Österreich das Leben). – Als Anwälte waren tätig: Victor Bloch (später im Bankfach in London), Walter Froehlich (s. o.), Rudolf Loebl, Adolf Redlich-Redley und Emanuel Winternitz (in New York als Kurator am Metropolitan Museum sowie an der Yale University als Professor für Musikgeschichte tätig).
Nach Auskunft von Frau Professor Browne, welche dankenswerterweise die oben angeführten Einzelheiten mitteilte, waren regelmäßige Teilnehmer des Seminars neben den Genannten Herbert von Fürth (Anwalt, später in den USA als akademischer Lehrer und am Federal Reserve Board tätig) und Walter Weisskopf (später durch viele Jahre akademischer Lehrer der Nationalökonomie in Chicago) sowie Erich Schiff (heute als Rechtsanwalt in Washington tätig).

X. Wissenschaftliches Wirken im Deutschen Reich

An den Tagungen des Vereins für Socialpolitik (1909 in Wien und 1911 in Nürnberg) hatte ich nur als schweigender Zuhörer teilgenommen. Auf der 1919 in Regensburg abgehaltenen Tagung wurde ich in den Ausschuß kooptiert. Das bedeutete nicht viel, es war einfach die übliche Ehrung aller, die an den Vereins-Schriften mitarbeiteten. Mit der Zeit wurde meine Stellung im Vereine immer bedeutender. Man wollte, anders als vor dem Kriege, im Vereine alle Richtungen vertreten sehen und zog mich daher immer mehr heran, da man in mir den Vertreter der Österreichischen Schule erblickte. So wurde ich schließlich in den Vorstand des Vereins gewählt. Ich habe an der Herausgabe der Schriften über das Kartellproblem mitgewirkt. Die Vorbereitung und Veranstaltung der Debatte über das Wertproblem, die im Jahre 1932 in Dresden abgeführt wurde, war vorwiegend mein Werk.

Ich wurde – ich glaube, es war im Jahre 1924 oder 1925 – zum Mitglied der Deutschen Gesellschaft für Soziologie gewählt.

Aus beiden Organisationen bin ich im Jahre 1933 ausgetreten.

Ich habe von den deutschen Hochschullehrern der «wirtschaftlichen Staatswissenschaften» und der Soziologie keinen günstigen Eindruck empfangen. Es gab unter ihnen wohl eine Anzahl aufrechter, gebildeter Männer, die von ernstem, wissenschaftlichen Streben erfüllt waren. Doch die meisten waren anders geartet.

Daß die Herren keine Nationalökonomen waren, ja, daß sie meist eine Kampfstellung gegen die Nationalökonomie einnahmen, soll ihnen nicht vorgeworfen werden. Sie waren eben die Schüler Schmollers, Wagners, Büchers und Brentanos. Sie kannten das nationalökonomische Schrifttum nicht, sie ahnten kaum etwas von den nationalökonomischen Problemen, und jeder Nationalökonom schien ihnen als Staatsfeind, als undeutsch, als Anwalt von Unternehmerinteressen und als Freihändler verdächtig. Wenn sie eine nationalökonomische Schrift überhaupt zur Hand nahmen, dann wollten sie darin unbedingt Mängel und Irrtümer entdecken. Sie waren in allem, was sie anfingen, Dilettanten. Sie wollten Historiker sein, doch sie betrachteten die historischen Hilfswissenschaften – das wichtigste Werkzeug des Historikers – nur unzulänglich und waren dem Geist der Geschichtsforschung fremd. Sie waren mit den mathematischen Grundfragen der Statistik nicht vertraut. Sie waren juristisch, banktechnisch, technologisch, handelstechnisch Laien. Mit staunenswerter Unbekümmertheit veröffentlichten sie Bücher und Abhandlungen über Dinge, von denen sie nichts verstanden.

Viel schlimmer war es, daß sie stets bereit waren, den Mantel nach dem Winde zu drehen. Um 1918 waren die meisten von Sympathien für die Sozialdemokraten erfüllt, 1933 aber paktierten sie mit den Nationalsozialisten. Sie wären auch Kommunisten geworden, wenn der Bolschewismus ans Ruder gekommen wäre.

Werner Sombart war der große Meister dieser Zukunft. Er gilt als Bahnbrecher in Wirtschaftsgeschichte, Wirtschaftstheorie und Soziologie; er galt als aufrechter Mann, weil er einst den Zorn Kaiser Wilhelms erregt hatte. Sombart hat die Anerkennung seiner Kollegen wohl verdient, denn er vereinigte in seiner Person alle ihre Fehler im höchsten Maße. Er hat nie ein anderes Streben gekannt als das, von sich reden zu machen und Geld zu verdienen. Sein großes Werk über den modernen Kapitalismus ist historische Stümperei. Er hat immer nur auf den Beifall des großen Publikums spekuliert. Er hat Paradoxe geschrieben, weil er damit auf Erfolg rechnen konnte. Er war außerordentlich begabt, doch er hat nie ernst denken und arbeiten wollen. Von der Berufskrankheit deutscher Professoren, dem Größenwahn, hat er ein gutes Stück abbekommen. Als es Mode war, Marxist zu sein, hat er sich zum Marxismus bekannt. Als Hitler ans Ruder kam, schrieb er, daß der Führer seine Weisungen von Gott empfange.

Für Nationalökonomie hatte Sombart überhaupt kein Interesse. Als ihn – ungefähr im Jahre 1922 – Weiss-Wellenstein in meiner Gegenwart fragte, ob er nicht in Wien einen Vortrag über Inflation halten wolle, lehnte er mit den Worten ab: «Das ist ein banktechnisches Problem, das mich nicht interessiert, weil es mit Nationalökonomie nichts zu tun hat.» Seinem Buche *Die drei Nationalökonomien* wollte er ursprünglich den Titel geben *Das Ende der Nationalökonomie*. Er sagte mir, er habe von diesem Titel nur aus Rücksicht auf seine Kollegen, die von dem Unterricht der Nationalökonomie lebten, Abstand genommen.

Dennoch war es anregender, mit Sombart zu reden als mit den meisten anderen Professoren. Sombart war wenigstens nicht dumm und beschränkt.

Mehrere Professoren behaupteten, daß sie «Spezialisten für Theorie» wären. Von diesen waren Gottl und Oppenheimer größenwahnsinnige Monomanen, Diehl ein engstirniger Ignorant, Spiethoff ein Mann, der es nie dazu gebracht hat, ein Buch zu veröffentlichen.

An der Spitze des Vereins für Sozialpolitik stand in den letzten Jahren Professor Eckert, ein liebenswürdiger Rheinländer, der abgesehen von einigen Beiträgen zur Geschichte der deutschen Binnenschiffahrt nie etwas geleistet hat. Sein Nebenbuhler war Bernhard Harms, der den Ausdruck ‹Weltwirtschaft› in Deutschland populär gemacht hatte. Da er unbedingt an der Spitze eines Vereins stehen wollte, gründete er die ‹List-Gesellschaft›.

Der Umgang mit diesen Männern hat mir klargemacht, daß das deutsche Volk nicht mehr zu retten war. Denn diese charakterlosen Schwachköpfe waren schon eine Auslese der Besten. Sie lehrten an den Universitäten das für die politische Bildung wichtigste Fach, sie wurden als Vertreter der Wissenschaft von den Massen und den Gebildeten mit höchster Achtung behandelt. Was sollte aus einer Jugend werden, die solche Lehrer hatte?

Max Weber hatte mir 1918 in Wien gesagt: «Der Verein für Socialpolitik gefällt Ihnen nicht. Mir gefällt er noch weniger. Doch er ist nun einmal der einzige Vereinigungspunkt der Männer unseres Faches. Da hilft kein Kritisieren von außen, man muß im Verein selbst mitarbeiten und seine Mängel zu beheben trachten. Ich versuche es in meinem Sinne, Sie müssen es in Ihrem tun.» Ich habe Webers Rat befolgt, doch ich wußte, daß es vergebens sein würde. Als Österreicher, als Privatdozent ohne Lehrkanzel, als ‹Theoretiker› war ich im Verein immer nur ein Außenseiter. Man hat mich mit größter Zuvorkommenheit behandelt, doch man hat mich als Fremden angesehen.

Auch Max Weber hätte die Lage nicht ändern können. Der frühe Tod dieses genialen Mannes war ein schweres Unglück für Deutschland. Wenn Weber länger gelebt hätte, dann könnte das deutsche Volk heute auf das Beispiel eine ‹Ariers› hinweisen, den auch der Nationalsozialismus nicht beugen konnte. Doch auch dieser große Geist hätte das Schicksal nicht wenden können.

Ich habe in den beiden deutschen Gesellschaften auch Männer getroffen, deren Umgang mir viel gegeben hat. Ich gedenke da vor allem Max Schelers, des Philosophen und Soziologen. Dann waren da Leopold von Wiese, der Kölner Soziologe, der Frankfurter Albert Hahn und Moritz Bonn. Im Jahre 1926 bin ich auf der Wiener Tagung der Deutschen Gesellschaft für Soziologie Walter Sulzbach und seiner Frau Maria Sulzbach-Fuerth begegnet, mit denen mich seit Jahren innige Freundschaft verbindet. Dann möchte ich noch andere nennen, so Wilhelm Roepke, Alexander Rüstow und Goetz Briefs, Georg Halm und Richard Passow. Der feinsinnige Historiker Eberhard Gothein und der scharfblickende, aufrechte Ludwig Pohle sind leider schon dahingegangen.

Zweimal war davon die Rede, mich an eine deutsche Hochschule zu berufen. Im Jahre 1925 handelte es sich um die Universität Kiel, im Jahre 1928 (oder war es 1927?) um die Handelshochschule Berlin. Beide Male wurde sofort eine leidenschaftliche Agitation der Etatisten und Sozialisten gegen mich entfesselt, und die Berufung unterblieb. Ich hatte es nicht anders erwartet. Ich paßte nicht zum Lehrer der königlich preußischen Polizeiwissenschaft.

XI. Fortführung der Studien über den indirekten Tausch

In der *Theorie des Geldes und der Umlaufsmittel* hatte mich manches nicht befriedigt. Ich empfand die Notwendigkeit, diese Unzulänglichkeit auszuwetzen.

Weder die Kritik, die mein Buch gefunden hatte, noch die Arbeiten, die andere über die Probleme des indirekten Tausches seit 1911 veröffentlicht haben, haben das, was ich vorgebracht hatte, irgendwie erschüttern können. Ich verdanke den Arbeiten von B. M. Anderson, T. E. Gregory, D. H. Robertson, Albert Hahn, Hayek und Machlup viel Anregungen. Sie haben mir Anlaß gegeben, meine Theorie neu durchzuarbeiten und ihre Formulierung zu verbessern, sie haben aber doch auch dort, wo sie meinen Auffassungen entgegentreten, den Kern meiner Lehre eher bestätigt als abgelehnt. Aus den Schriften dieser Männer habe ich nicht nur Belehrung geschöpft, ich habe in ihnen auch den Trost gefunden, als Nationalökonom nicht allein zu stehen und nicht bloß für die Bibliotheken zu arbeiten.

Im übrigen war freilich das, was in den letzten dreißig Jahren über Geld- und Kreditprobleme veröffentlicht wurde, ziemlich belanglos. Der Verfall des wissenschaftlichen Denkens war erschreckend. Von manchen der in dieser Zeit erschienenen Arbeiten kann man sagen, daß sie im großen und ganzen annehmbar sind, mag auch einiges unhaltbar erscheinen und mag auch die Darstellung Mängel aufweisen. Doch die Mehrzahl der Bücher und Artikel sind vollkommen wertlos.

Dieses strenge Urteil trifft in erster Linie alle diejenigen Arbeiten, die glauben, ‹Fehler› aufzeigen zu können, die die ‹orthodoxe› Theorie nicht zu erklären vermag oder die ihr widersprechen. Die Verfasser halten die Fehler für neu und unerhört, weil sie die Währungs- und Bankgeschichte schlecht kennen. Sie vermögen es nicht, diese Fakten mit den Mitteln der ‹orthodoxen› Theorie zu erklären, weil ihnen Kenntnis der Theorie und wissenschaftliches Denken abgehen.

Ich glaube, daß es eine wichtige Aufgabe wäre, Tag für Tag das Schrifttum über nationalökonomische Probleme zu verfolgen und jeder unsinnigen und unwichtigen Darlegung sofort mit gründlicher Kritik entgegenzutreten. Man würde damit freilich die Wiederholung der alten Irrtümer nicht verhindern. Doch man würde dem Publikum, das sich für national-ökonomische Fragen interessiert, einen großen Dienst erweisen. Ich habe wiederholt mit Freunden die Gründung einer Zeitschrift erwogen, die diesem Zwecke zu dienen hätte. Es war uns jedoch nicht möglich, einen Verleger zu finden, der ohne finanzielle Beihilfe die Herausgabe übernommen hätte.

Ich bin übrigens der Meinung, daß die Widerlegung der gangbaren Irrlehren vor allem den Gegenstand der Doktorarbeiten der Jünger unserer Wissenschaft zu bilden hätte. Die geringste Anforderung, der ein Nationalökonom entsprechen muß, ist doch die, daß er es versteht, Irrtümer zu erkennen und kritisch zu widerlegen. Ich habe mitunter Arbeiten dieser Art angeregt.

Ich will hier nur eine erwähnen, weil die schwierigen Verhältnisse, die 1920 in Österreich geherrscht haben, ihre Veröffentlichung durch den Druck verhindert haben. Es ist die Arbeit, mit der Helene Lieser das erste Doktorat der Staatswissenschaften erwarb, das eine österreichische Universität verliehen hat. Die Dissertation[20] behandelt die Währungsreformvorschläge, die in Österreich in den Jahren der Bankozettel-Entwertung gemacht worden waren. Sie zeigte, daß die meisten der um 1920 in den europäischen Ländern erörterten Reformprojekte nicht so neu waren, wie ihre Urheber glauben machen wollten.

Ich habe im Seminarunterricht jede Gelegenheit, die sich bot, ergriffen, um die gangbaren Irrlehren zu widerlegen. Doch ich habe weder Zeit noch Neigung gehabt, meine schriftstellerische Tätigkeit der neuerlichen Widerlegung hundertmal widerlegter Irrtümer zu widmen. Ich bedaure eher, daß ich zu viel von meiner beschränkten Arbeitskraft im Kampfe gegen die Pseudonationalökonomie verausgabt habe. In Stunden ruhiger Überlegung habe ich mir immer wieder vorgenommen, mich nach dem Satz Spinozas zu richten: *veritas norma sui et falsi est.* Doch mein Temperament hat mich immer wieder hingerissen.

Ich habe in der Inflationszeit mehrere Aufsätze veröffentlicht, die das Wesen der Geldentwertung darlegen und die Zahlungsbilanztheorie der Devisenkurse widerlegen sollten. Abgesehen von dem schon erwähnten Aufsatz über die Quantitätstheorie schrieb ich für die *Mitteilungen des Vereins österreichischer Banken und Bankiers,* die inzwischen in eine jedermann zugängliche Zeitschrift umgewandelt worden war, über «Zahlungsbilanz und Devisenkurse»[21]. In den *Schriften des Vereins für Social-*

---

[20] «Währungspolitische Literatur der österreichischen Bankozettelperiode», Dissertation an der Rechts- und staatswissenschaftlichen Fakultät der Universität Wien (Rigorosum abgelegt am 15. 6. 1920).

[21] vgl. Bibliographie, II/21.

politik schrieb ich über die «Geldtheoretische Seite des Stabilisierungs-problems»[22]. Der Aufsatz wurde vom Vereinsausschuß mehrere Monate liegengelassen, weil die Herren es für bedenklich ansahen, der offiziellen These, daß die Entwertung der Mark durch die Reparation und durch das «Loch im Westen» hervorgerufen worden sei, entgegenzutreten. Er konnte erst im Sommer 1923 versendet werden. Das war schon mein zweiter Beitrag zu den Vereinsschriften. 1919 hatte ich für einen Band über das Anschlußproblem einen Aufsatz über den «Wiedereintritt Deutsch-Österreichs in das Deutsche Reich und die Währungsfrage» bei-gesteuert[23].

In der zweiten Auflage der *Theorie des Geldes und der Umlaufsmittel*[24] und in der 1928 veröffentlichten kleinen Schrift *Geldwertstabilisierung und Konjunkturpolitik*[25] hatte ich meiner Konjunkturlehre eine Fassung gegeben, die sie erst zu einer vollkommenen Erklärung des Konjunktur-wechsels macht. Der Aufschwung wird durch die Kreditausweitung aus-gelöst. Doch was führt die Kreditausweitung herbei? Auf diese Frage hatte ich in der ersten Auflage keine Antwort gegeben. Seither hatte ich die Antwort gefunden. Die Banken wollen durch die Kreditausweitung den Zinssatz senken; die Wirtschaftspolitik, die ‹billiges Geld› will und glaubt, daß Kreditausweitung das geeignete Mittel zur Erreichung dieses Ziels sei, ermutigt dieses Verfahren und bemüht sich, die institutionellen Bedin-gungen für seine Anwendung zu schaffen.

Die Abfassung meiner *Nationalökonomie*[26] bot mir die Gelegenheit, meine geld- und banktheoretischen Auffassungen nochmals durchzuden-ken und in neuer Form darzustellen.

In meinem Geldbuche hatte ich die Kritik des allgemein verwendeten Gedankenbildes eines ohne Geldgebrauch ausschließlich direkt tau-schenden Marktes nur in jener Richtung geführt, die die Ablehnung der Lehre von der Neutralität des Geldes erforderte. Mit der Problematik der Geldrechnung hatte ich mich nur soweit befaßt, als es für die Untersu-chungen der sozialen Begleiterscheinungen der Geldwertveränderungen notwendig war. Alles weitere mußte der Theorie des direkten Tausches vorbehalten bleiben. Doch den Grundgedanken brachte schon das Geld-buch: Es gibt wohl Werten und Wertung, doch keine Wertmessung und keine Wertrechnung; die Marktwirtschaft rechnet mit den Geldpreisen. Das war nicht neu; es war nur das, was sich aus den Lehren der subjektivi-

---

[22] vgl. Bibliographie, I/5.

[23] vgl. Bibliographie, II/22.

[24] vgl. Bibliographie, I/6.

[25] vgl. Bibliographie, I/8.

[26] vgl. Bibliographie, I/15.

stischen Wertlehre mit zwingender Notwendigkeit ergab. Gossen hatte auch schon angedeutet, welche Konsequenzen daraus für die Theorie einer sozialistischen Wirtschaft zu ziehen sind. Pierson, dessen Abhandlung ich erst viele Jahre später in Hayeks Übersetzung kennenlernte, hatte Gossens Gedanken wiederholt.

Als ich nun an die Ausarbeitung meines Buches über den Sozialismus schreiten wollte, war ich genötigt, dieses Stück aus der Grundlegung der Katallaktik gesondert darzustellen. Eine Theorie des Sozialismus, die ihren Mittelpunkt nicht in der Behandlung des Problems der Wirtschaftsrechnung findet, wäre einfach unsinnig. So habe ich denn 1919 den Aufsatz über «Die Wirtschaftsrechnung im sozialistischen Gemeinwesen»[27] verfaßt und in der Nationalökonomischen Gesellschaft vorgetragen. Einer Anregung meiner Freunde folgend habe ich ihn 1920 im *Archiv für Sozialwissenschaft* veröffentlicht. In die *Gemeinwirtschaft* ist er in nur wenig veränderter Gestalt übergegangen.

Alle Versuche, die Schlüssigkeit meiner Ausführungen zu entkräften, waren schon darum zum Scheitern verurteilt, weil sie nicht bis zum werttheoretischen Kern des Problems vordrangen. Alle diese Bücher, Abhandlungen und Aufsätze wollen den Sozialismus retten. Sie wollen zeigen, daß es doch möglich sei, ein sozialistisches Gemeinwesen zu konstruieren, in dem in der Wirtschaft gerechnet werden kann. Sie haben gar nicht gesehen, daß man mit der Frage beginnen muß, wie man im Wirtschaften, das immer in einem Vorziehen und Zurückstellen, also in einem Für-Ungleich-Halten besteht, überhaupt zu einem Für-Gleich-Halten und Gleichsetzen gelangt. So konnten sie auf den absurden Gedanken verfallen, die Gleichungen der mathematischen Katallaktik, die ein Gedankenbild umschreiben, aus dem das Handeln eliminiert wurde, als Ersatz für die in Geld abrollende Rechnung der Marktwirtschaft zu empfehlen.

Ich habe erst in meiner *Nationalökonomie* die Gelegenheit gehabt, die Problematik der Wirtschaftsrechnung in ihrer vollen Bedeutung darzulegen. In der Zwischenzeit mußte ich mich damit begnügen, die Irrtümer und Widersprüche der vorgebrachten Vorschläge für sozialistische Wirtschaftsrechnung aufzuweisen. Erst durch die Ausführungen des dritten Teils meiner *Nationalökonomie* hat meine Geldlehre (1940) ihren Abschluß gefunden. Ich habe damit den Plan durchgeführt, den ich 35 Jahre früher gefaßt hatte; ich habe die Lehre vom indirekten Tausch mit der Lehre vom direkten Tausch in einem einheitlichen System des menschlichen Handelns vereinigt.

---

[27] vgl. Bibliographie, II/33.

XII. Die Systeme gesellschaftlicher Kooperation

Die Lehre von der Unmöglichkeit einer sozialistischen Wirtschaftsrechnung bildet den Kern meiner *Gemeinwirtschaft*[28], deren erste Auflage 1922 herauskam. Die *Gemeinwirtschaft,* der 1927 veröffentlichte *Liberalismus*[29] und die 1929 zu einem Bande unter dem Titel *Kritik des Interventionismus*[30] vereinigten Aufsätze bilden zusammen eine umfassende Behandlung der Probleme gesellschaftlicher Kooperation. Ich untersuche darin alle denkbaren Systeme der Kooperation von Menschen und prüfe ihre Wirkungsmöglichkeiten. Auch diese Untersuchungen haben in der *Nationalökonomie* ihren Abschluß gefunden. Ich hatte noch einen weiteren Aufsatz für die Sammlung *Kritik des Interventionismus* bestimmt, nämlich den 1929 in der *Zeitschrift für Nationalökonomie* unter dem Titel «Verstaatlichung des Kredits?»[31] veröffentlichten Aufsatz. Die Redaktion der Zeitschrift hatte ihn jedoch verlegt und erst wiedergefunden, als jener Band schon fertig vorlag.

Ich glaube, daß die Lehren, die ich in diesen Arbeiten vorgetragen habe, unanfechtbar sind. Ich hatte in die Behandlung der Probleme einen neuen Gesichtspunkt gebracht, den einzigen, der eine wissenschaftliche Untersuchung dieser politischen Fragen möglich macht. Ich fragte nach der Zweckmäßigkeit der vorgeschlagenen Maßnahmen, d. h. danach, ob die Zwecke, die diejenigen, welche diese Maßnahmen empfehlen oder setzen, zu erreichen suchen, auch wirklich erreicht werden können. Ich habe gezeigt, daß die Beurteilung der einzelnen Systeme gesellschaftlicher Kooperation von willkürlich gewählten Standpunkten belanglos ist, und daß es nur darauf ankommt, was das System leisten kann. Alles, was man vom Standpunkt der Religionen, der verschiedenen Systeme heteronomer Ethik, des positiven Rechts und des Naturrechts und der Anthropologie über diese Dinge zu sagen pflegt, erweist sich als Ausdruck subjektiver Werturteile.

Ein ganz anderes ist es, wenn man die Behauptung vertritt, die Entwick-

---

[28] vgl. Bibliographie, I/4.
[29] vgl. Bibliographie, I/7.
[30] vgl. Bibliographie, I/9.
[31] vgl. Bibliographie, II/70.

lung der auf dem Sondereigentum an den Produktionsmitteln beruhenden Wirtschaftsordnung treibe über das Sondereigentum hinaus und unentrinnbar entweder zum Sozialismus oder zum Interventionismus. Wenn das richtig wäre, dann würde damit noch immer nicht der Gegenbeweis gegen meine Darlegungen erbracht worden sein. Weder Sozialismus noch Interventionismus können dadurch sinnvoll und zweckmäßig werden, daß der Weg der Geschichte notwendig in sie mündet. Wenn die «Rückkehr zum Kapitalismus» wirklich ausgeschlossen ist, wie man allgemein behauptet, dann ist das Schicksal unserer Kultur besiegelt. Ich habe aber gezeigt, daß die Lehre von der Unentrinnbarkeit des Sozialismus oder des Interventionismus unhaltbar ist. Der Kapitalismus hebt sich nicht selbst auf. Die Menschen wollen ihn abschaffen, weil sie im Sozialismus oder im Interventionismus das Heil erblicken.

Ich habe manchmal die Hoffnung gehegt, daß meine Schriften eine praktische Wirkung erreichen und der Politik den Weg weisen würden. Ich habe immer nach den Anzeichen eines ideologischen Wandels Umschau gehalten. Doch ich habe mich eigentlich nie darüber getäuscht, daß meine Theorien den Niedergang der großen Kultur erklären, ihn aber nicht aufhalten. Ich wollte Reformer werden, doch ich bin nur der Geschichtsschreiber des Niedergangs geworden.

Ich habe in meinen Arbeiten über die gesellschaftliche Organisation viel Zeit und Mühe auf die Auseinandersetzung mit den Sozialisten und Interventionisten aller Spielarten und Richtungen verwendet. Der Gegenstand – die Zurückweisung zweckwidriger Reformvorschläge – erforderte dieses Vorgehen.

Man hat mir vorgehalten, ich hätte die psychologische Seite des Organisationsproblems nicht beachtet. Der Mensch habe auch eine Seele; diese Seele fühle sich im Kapitalismus unbehaglich und würde eine Minderung der materiellen Lebenshaltung in Kauf nehmen, wenn sie eine sie besser befriedigende Arbeitsordnung eintauschen könnte.

Es ist wichtig zunächst festzustellen, daß dieses Argument (wir wollen es das Herz-Argument nennen) mit dem ursprünglichen und auch heute noch von den Sozialisten und Interventionisten vertretenen Argument, das wir das Kopf-Argument nennen wollen, nicht verträglich ist. Das Kopf-Argument erblickt gerade darin, daß der Kapitalismus die volle Entfaltung der Produktionskräfte hindert, die Rechtfertigung des sozialistischen Programms. Die sozialistische Produktionsweise werde die Ergiebigkeit der Produktion unermeßlich steigern und damit die Bedingungen schaffen, die eine reiche Versorgung aller ermöglichen würden. Der Marxismus ist ganz auf dem Kopf-Argument aufgebaut. Vor Lenin haben die Marxisten nie behauptet, daß der Übergang zum Sozialismus die Lebenshaltung der Massen während einer Übergangsperiode herabsetzen würde. Sie haben sofortige Verbesserung der materiellen Lage der Massen angekündigt, wenn sie auch mitunter hinzugefügt haben, daß der volle Segen der sozialistischen Produktionsweise erst im Laufe der Zeit wirksam werden könne. Das Herz-Argument ist schon eine Stellung im Rückzugskampfe des Sozialismus. Es ist ein Erfolg der am sozialistischen Programm geübten Kritik, daß die Sozialisten sich genötigt sehen, dieses Argument zu verwenden.

Für die Beurteilung des Herz-Arguments ist selbstverständlich das Ausmaß der durch die sozialistische Produktionsordnung bewirkten Wohlstandssenkung entscheidend. Da darüber nichts, was objektiv feststellbar und exakt meßbar wäre, gesagt werden kann, könnte der Streit zwischen Anhängern und Gegnern des Sozialismus nicht wissenschaftlich ausgetragen werden. Die Nationalökonomie könnte die Auseinandersetzung nicht klären.

Ich habe nun der Behandlung dieser Probleme eine Wendung gegeben, die die Verwendung des Herz-Arguments nicht mehr zuläßt. Wenn sozialistische Wirtschaftsordnung zu einem Chaos führen muß, weil in ihr nicht gerechnet werden kann, und wenn Interventionismus die Ziele nicht erreichen kann, die seine Befürworter durch ihn erreichen wollen, dann ist es belanglos, das Herz-Argument zugunsten dieser sinnwidrigen Systeme anzuführen.

Ich habe nie bestritten, daß seelische Faktoren die Volkstümlichkeit der antikapitalistischen Politik erklären. Doch unzweckmäßige Vorschläge und Maßnahmen können durch derartige seelische Faktoren nicht zweckmäßig werden. Wenn die Menschen den Kapitalismus «seelisch» nicht ertragen können, dann wird die kapitalistische Kultur untergehen.

Man hat mir vorgehalten, daß ich die Rolle, die Logik und Vernunft im Leben spielen, überschätzt hätte. In der Theorie gäbe es ein Entweder-Oder. Das Leben aber bestehe aus Kompromissen. Was in der wissenschaftlichen Betrachtung als unverträglich erscheine, vermische sich mitunter in der Praxis zu einem brauchbaren Gebilde. Die Politik werde schon eine Verbindung widerstrebender Prinzipien zu finden wissen. Die Lösung werde vielleicht unlogisch, irrational und vernunftwidrig genannt werden dürfen, sie werde aber fruchtbar sein. Darauf allein aber komme es doch an.

Die Kritiker irren. Die Menschen wollen das, was sie für zweckmäßig halten, ganz durchführen. Nichts liegt ihnen ferner als Halbheit in der Verwirklichung des Wünschbaren. Man berufe sich da nicht auf die geschichtliche Erfahrung. Es ist richtig, daß Religionen, die die Abkehr vom weltlichen Treiben forderten, sich mit dieser Welt ganz gut vertragen haben. Doch die rigorosen Lehren des Christentums und des Buddhismus haben nie die Geister beherrscht. Das, was von den strengen Lehren dieser beiden Religionen in den Gehalt des volkstümlichen Glaubens überging, stand der Betätigung im diesseitigen Leben nicht im Wege. Die Erfüllung der religiösen Gebote blieb den Mönchen vorbehalten. Selbst die Kirchenfürsten des Mittelalters ließen sich in ihrem Handeln in keiner Weise durch Rücksichtnahme auf die Gebote der Bergpredigt und andere evangelische Anordnungen beeinflussen. Die kleine Schar derer, die es mit Christentum oder Buddhismus ernst nahm, schied aus dem weltlichen Treiben aus. Das Leben der anderen war kein Kompromiß, es war einfach unchristlich und unbuddhistisch.

Heute stehen wir vor einem anders gearteten Problem. Die Massen sind sozialistisch oder interventionistisch, in jedem Fall antikapitalistisch. Der einzelne will nicht seine Seele vor der Welt retten; er will die Welt umgestalten. Er will bis ans Ende gehen. Die Massen sind in ihrer Konsequenz unerbittlich; sie werden eher die Welt zerstören als sich ein Jota von ihrem Programm rauben lassen.

Man beruhige sich auch nicht mit dem Hinweis darauf, daß es in der vorkapitalistischen Vergangenheit stets Interventionismus gegeben hat. Damals lebten eben weit weniger Menschen auf der Erdoberfläche, und die Massen waren mit einer Lebenshaltung zufrieden, die sie heute nicht hinnehmen würden. Vom Kapitalismus kann man nicht einfach in ein verflossenes Jahrhundert zurückkehren.

XIII. Studien zur Wissenschaftslehre

Auf den Trümmern des alten Kirchenglaubens haben sich im Verlauf des 19. Jahrhunderts verschiedene Sekten eingenistet, die ihren Anhängern «Ersatz» für den verlorenen Glauben bieten wollten. Die dauerhafteste dieser Sekten ist der Positivismus, ‹the incongruous insistence of bad science and eviscerated papistry›, wie Huxley (Collected Essays, Bd. V, S. 225) ihn genannt hat. In den katholischen Ländern fand der Positivismus als Reaktion gegen die kirchliche Praxis viele inbrünstige Jünger.

Man pflegt dem Positivismus die Ausbildung der Soziologie zum Verdienst zu rechnen. Richtig ist, daß Auguste Comte den Ausdruck «Soziologie» geprägt hat. Doch das, was man unter dem Namen Soziologie betreibt, hat, soweit es nicht unsinniges Geschwätz ist, mit dem positivistischen Programm einer aus der Erfahrung mit den Methoden der Newtonschen Physik abgeleiteten Geisteswissenschaft vom menschlichen (gesellschaftlichen) Handeln nichts zu tun. Es ist Ethnographie, Kulturgeschichte und Psychologie und bedient sich der alten Methoden der historischen Geisteswissenschaften. Von der Geisteswissenschaft vom menschlichen Handeln, deren Geschichte mit der klassischen Nationalökonomie beginnt, wollte Comte nichts wissen, und die Adepten blieben darin dem Meister treu.

Die deutschen Unversitäten haben den Positivismus abgelehnt und ihre Tore der Soziologie lange verschlossen. Diese Gegnerschaft hatte nur wenig mit wissenschaftlicher Überlegung zu tun; sie war politischer Natur. Als der Positivismus anfing, Erfolge zu haben, hatte die deutsche Wissenschaft bereits eine feindselige Stellung gegen das Gedankengut des Westens bezogen. Sie lehnte den Positivismus ab, weil er aus Frankreich kam. Die Haltung gegenüber dem Kernsatz des Positivismus blieb dabei schwankend. Es ist bemerkenswert, daß der Historismus der Schmoller-Schule die Auffassung vertreten hat, man hätte die Gesetze der Nationalökonomie aus der wirtschaftsgeschichtlichen Erfahrung abzuleiten.

Inzwischen muß man feststellen, daß die letzte große Leistung der deutschen Wissenschaftslehre aus der Beschäftigung mit den Problemen hervorgegangen ist, die der Positivismus zwar nicht aufgeworfen, doch in besonders herausfordernder Weise formuliert hat. Die Grundsteine zur Lehre vom geisteswissenschaftlichen Verstehen wurden von Denkern gelegt, die vor Comte schrieben oder Comte nicht kannten; ihre Ausbildung ist jedoch als Antwort auf den Positivismus und – nicht minder – auf den historischen Materialismus der Marxisten erfolgt.

Ich habe daher zur Zeit, als ich an die Universität kam, keine Möglichkeit einer nationalökonomischen Wissenschaft gesehen: Wirtschaftsgeschichte müßte mit den Mitteln und Methoden der historischen Disziplinen betrieben werden und könnte nie zu nationalökonomischen Gesetzen führen; außerhalb der Wirtschaftsgeschichte gäbe es am Wirtschaftlichen nichts, was zum Gegenstand einer wissenschaftlichen Behandlung gemacht werden könnte. Es konnte keinen folgerichtigeren Anhänger des Historismus geben als mich.

In die Geschlossenheit dieser Wissenschaftstheorie kam ein unheilbarer Riß, als ich die Nationalökonomie wirklich kennenlernte. Ich wußte mir nicht zu helfen. Die Schriften des Methodenstreits – auch das prachtvolle Werk Mengers[32] – befriedigten mich nicht. Noch schwerer enttäuschte mich John Stuart Mill. Cairnes und Senior habe ich erst viele Jahre später kennengelernt.

Ich habe mich damit zu trösten gesucht, daß es vor allem darauf ankäme, in der Wissenschaft selbst weiterzukommen, und daß die Probleme der Methodologie minder wichtig wären. Doch ich habe die Unhaltbarkeit dieser Auffassung bald einsehen müssen. Mit jedem Problem tritt dem Nationalökonomen die Grundfrage entgegen: Woher stammen diese Sätze, was ist ihre Tragweite, in welchem Verhältnis stehen sie zur Erfahrung und zur «Wirklichkeit»? Das sind nicht Probleme der Methode oder gar der Forschungstechnik, das sind die Grundfragen. Kann man ein deduktives System aufbauen, ohne die Frage gestellt zu haben, worauf man baut?

Ich habe vergebens in den Schriften der Lausanner und in denen der angelsächsischen Schule nach Aufklärung gesucht. Auch da begegnete man derselben Unsicherheit und demselben Schwanken zwischen unverträglichen Auffassungen. Daß dieser Zustand zu einem Niedergang des nationalökonomischen Denkens führen mußte, war nicht erstaunlich. Der Institutionalismus auf der einen Seite und die inhaltslose Dogmatik der mathematischen Schule sind das Ergebnis dieser Verhältnisse.

Ich habe lange gezögert, mit Untersuchungen der Grundprobleme vor die Öffentlichkeit zu treten, weil ich mir bewußt war, daß diese Dinge weit über das nationalökonomische Feld hinausgingen. In der Tat handelt es sich dabei um die Erschließung eines neuen Gebiets der Wissenschaftslehre und der Logik.

Logik und Epistemologie haben sich bisher nur mit dem erfahrungswissenschaftlichen Denken der Naturwissenschaften und mit dem dedukti-

---

[32] *Untersuchungen zur Methode der Sozialwissenschaften* ... (s. Anm. 6)

ven System der Mathematik befaßt. Geschichte war für sie einfach «nicht Wissenschaft». Die Nationalökonomie wurde zunächst gar nicht beachtet. Als man sie endlich einbeziehen mußte, begnügte man sich mit der Feststellung, daß sie die Lehre von der wirtschaftlichen Seite des menschlichen Handelns sei. Abgesehen davon, daß diese Lehre vom *homo oeconomicus* auf die subjektivistische Wertlehre ganz unanwendbar ist, ist damit die Frage nicht gelöst, woher denn dieses Wissen vom «rein wirtschaftlichen» Verhalten stamme.

Es war ein ungeheurer Fortschritt, als man die Eigenart der historischen Geisteswissenschaften erkannte und die Lehre vom Verstehen und von den Idealtypen entwickelte. Daß anrüchige Metaphysiker unter dem Dach dieser neuen Theorie eine Zuflucht suchten, berührt den Wert dieser Entdeckung nicht. Keinen Baumeister trifft die Verantwortung für das Verhalten derer, die sich in dem von ihm entwickelten Bau einnisten. Bedenklicher war, daß ein Mann vom Range Max Webers nun auch die nationalökonomischen Sätze zu Idealtypen zu stempeln suchte.

Ich habe meine Theorie in einer Reihe von kritischen Aufsätzen entwikkelt, deren erster 1928 veröffentlicht wurde. Im Jahre 1933 wurden diese Abhandlungen unter dem Titel *Grundprobleme der Nationalökonomie*[33] zu einem Bande vereinigt, der durch einen vorher noch nicht gedruckten Aufsatz eröffnet wurde. In der *Nationalökonomie* habe ich dann auch diese Dinge noch einmal zusammengefaßt.

In dem 1928 erstmals veröffentlichten Aufsatz habe ich die Unterscheidung zwischen wirtschaftlichem und nicht-wirtschaftlichem Handeln zu beseitigen gesucht. Die Befreiung von diesem Gespenst hat dem Wesen nach schon die subjektivistische Wertlehre gebracht; doch Menger und Böhm haben aus ihrer Grundeinstellung nicht alle Folgerungen gezogen, die man aus ihnen ziehen muß.

Der nächste Aufsatz befaßte sich unter dem Titel «Soziologie und Geschichte» mit der Untersuchung von theoretischer Wissenschaft vom menschlichen Handeln und Geschichte. Ich habe dabei den Fehler begangen, zur Bezeichnung der Theorie des menschlichen Handelns den Ausdruck «Soziologie» zu gebrauchen. Ich hätte den Ausdruck «Praxeologie» verwenden sollen. Das, was man heute allgemein Soziologie nennt, ist nicht theoretische, sondern historische Wissenschaft. Max Weber hatte durchaus recht, wenn er das, was er als Soziologie ansah, als Kulturwissenschaft oder Geisteswissenschaft betrachtete und von dieser Soziologie sagte, daß sie mit der Bildung von Idealtypen arbeite. Sein Irrtum lag darin, daß er dieser Soziologie auch viele praxeologische Elemente zurechnete und daß er die Nationalökonomie zu den Wissenschaften zählte,

---

[33] vgl. Bibliographie, I/12.

die mit der geisteswissenschaftlichen Methode des Verstehens arbeiten. Mein Aufsatz war in erster Linie gegen Max Webers Wissenschaftslehre gerichtet. Ich fand an ihr zwei Dinge auszusetzen: die Verkennung der epistemologischen Eigenart der Nationalökonomie und die Unterscheidung von rationalem und anderweitig orientiertem Handeln.

In einem dritten Aufsatz stellte ich dem Verstehen der historischen Geisteswissenschaften das Begreifen der Praxeologie und der Nationalökonomie entgegen. Schließlich habe ich in der Abhandlung, die den Band *Grundprobleme der Nationalökonomie* einleitet, den apriorischen Charakter der praxeologischen Erkenntnis nachgewiesen. Ich habe damit die epistemologische Folgerung aus der wissenschaftlichen Entwicklung gezogen, die im 18. Jahrhundert mit der Entdeckung der Gesetzmäßigkeit im Ablauf der Markterscheinungen begonnen hat.

Ich war mir dabei wohl bewußt, daß meine Lehre zunächst auf Ablehnung stoßen würde. Die positivistische Voreingenommenheit der Zeitgenossen ist mir sehr gut bekannt. Der herrschende Panphysikalismus ist blind für die Grundprobleme der Wissenschaftslehre. Er empfindet schon die biologischen Probleme als «Störung» seines Weltbildes. Alles übrige ist für diese Fanatiker sinnlose Metaphysik, die mit Scheinproblemen tändelt. Man darf die Ausschreitungen dieses Neopositivismus nicht durch die nicht weniger bedauerlichen Begriffsdichtungen der idealistischen Philosophie entschuldigen oder gar als «wohltätige» Reaktion ansehen. Es ist wohl die Aufgabe des Dogmenhistorikers, den Irrtum zu verstehen und damit zu erklären. Doch kein Verstehen kann dem Irrtum im Kampfe gegen eine befriedigendere Auffassung ein Argument liefern. Ich glaube, den Positivismus historisch zu verstehen; doch das hat mit der Frage, ob seine Antworten brauchbar sind, nichts zu tun.

Ich bin mir darüber klar, daß es nicht möglich sein wird, die Volkstümlichkeit der positivistischen Metaphysik durch die Darlegung der epistemologischen Eigenart der Wissenschaft vom menschlichen Handeln zu erschüttern oder gar zu beseitigen. Die nationalökonomischen Probleme sind viel zu kompliziert, als daß sie jemals der Menge in der Art vertraut werden könnten, in der Physik und Biologie in den Stoff der allgemeinen Bildung einzugehen vermögen. Der Positivismus hat die klassische Physik den Massen mundgerecht gemacht, der Neopositivismus besorgt dasselbe für den augenblicklichen Stand der physikalischen Lehren. Beide vergröbern und vereinfachen ungefähr in der Art, in der das Schlagwort «der Mensch stammt vom Affen ab» den Darwinismus für den Alltag umgeformt hat. Es wird noch geraume Zeit verstreichen, ehe die Menschen auf solche rohe Vereinfachungen verzichten werden. Solange wird es immer eine Popularphilosophie für den Gebrauch des Spießers geben.

Eine andere Frage ist es, ob sich die kleine Zahl der Denkenden mit dem

System des Empirizismus zufriedengeben wird. Ich will dabei ganz davon absehen, daß dieses System die Wissenschaften vom menschlichen Handeln einfach nicht sehen will und sich damit, entgegen seinem mit Emphase betonten Grundsatz, einer Tatsache verschließt, weil sie nicht in das System paßt. Doch kann man auf die Dauer mit dem auskommen, was der Positivismus über die logischen Grundregeln aussagt?

Man mag die Lehrsätze der Logik als willkürlich gewählte Konventionen bezeichnen, die sich als zweckmäßig oder brauchbar erwiesen haben. Doch damit verschiebt man nur das Problem, ohne es einer Lösung näherzubringen. Man mag behaupten, daß die Menschen es mit verschiedenen willkürlich gewählten Regeln versucht haben und schließlich an denen festgehalten haben, die sich als zweckmäßig bewährt haben. Doch im Hinblick auf welchen Zweck erschienen diese Regeln als zweckmäßig? Wenn man diese Frage aufwirft, ist man wieder beim Problem der geistigen Beherrschung der Dinge der Außenwelt, bei dem Problem der Erklärung und bei dem der Wahrheit angelangt. Darum ist auch der Versuch, das Problem der Wahrheit durch die Berufung auf irgendwelche Zweckmäßigkeit auszuschalten, vergeblich.

Sind diese logischen Grundregeln in dem Sinne als willkürlich gewählt zu bezeichnen, daß man auch andere Grundregeln mit dem gleichen Erfolg im Hinblick auf den «Zweck» hätte wählen dürfen? Nein, gewiß nicht. Die Grundrelationen, die die Logik zur Verknüpfung von Aussagen verwendet, sind in dem Sinne notwendig und dem menschlichen Denken unumgehbar, als Grundrelationen, die mit ihnen unverträglich sind, undenkbar sind. Die Kategorie der Negation ist nicht willkürlich gewählt; sie ist dem Denken notwendig. Es gibt kein Denken, das ohne sie auszukommen vermöchte. Doch selbst wenn wir annehmen wollten, daß die Unterscheidung von Ja und Nein aus der Erfahrung gewonnen wurde oder, einmal willkürlich gesetzt, sich in der Erfahrung bewährt hat, hat man noch nicht die Behauptung widerlegt, daß logisch vor allem Denken die Fähigkeit steht, Ja und Nein zu erfassen.

Man hat die Grundannahmen der Logik als Spielregeln bezeichnet. Dann muß man aber hinzufügen, daß dieses Spiel unser Leben ist, daß wir in dieses Spiel hineingeboren werden und es spielen müssen, so lange wir leben, und daß es ein zweites Spiel, das andere Regeln beobachten würde, für uns Menschen nicht gibt.

Die Praxeologie ist besonders berufen, die Irrtümer des Konventionalismus aufzudecken, weil sie beim Kult des Wortfetisch «Zweck» nicht mittun kann. Der Zweck des Handelns ist die Erreichung eines Erfolges in der Welt, die unsere Umwelt ist. Zweckmäßigkeit ist mithin in jedem Falle eine Anpassung an die Bedingungen dieser Welt und ihrer Ordnung. Wenn aus unserem Geiste Spielregeln erwachsen können, die für diese

Anpassung brauchbar sind, dann sind nur zwei Auswege der Erklärung offen: Entweder ist in unserem Geiste ein Etwas, das dieser Umwelt zugeordnet ist und uns ihre Erfassung ermöglicht, ein *a priori*. Oder aber die Umwelt drängt unserem Geist die Regeln auf, die ihre Behandlung ermöglichen. In keinem Fall bleibt Raum für Willkür und Konvention. Die Logik ist entweder ein in uns Wirkendes oder ein in uns Bewirktes. Sie wirkt aus uns in die Welt, oder die Welt wirkt durch sie in uns. Sie ist der Welt, der Wirklichkeit, der Realität, dem Leben zugeordnet.

Es ist überhaupt nicht ersichtlich, was durch die hartnäckige Bestreitung des *a priori* eigentlich erreicht werden soll. Auch wenn wir annehmen wollen, daß die Erfahrung uns zur Erfassung der Kategorie Mittel-Zweck führt, bleibt doch noch die Frage offen, was in uns dieser Erfahrung so entgegenkommt, daß wir überhaupt erfahren, und zwar derart erfahren, daß ein anderes Ergebnis als schlechthin unsinnig erscheint. Was hat es für einen Sinn, zu sagen, diese Kategorie hätten wir durch Erfahrung gewonnen, wenn wir nicht anzugeben wissen, zu welch anderem Ergebnis andere Erfahrung hätte führen können? Wenn ich sage, die Erfahrung habe gezeigt, daß A rot sei, so bekommt das Sinn dadurch, daß auch ein anderes Ergebnis der Erfahrung unserem Geist faßbar wäre. Wenn aber gesagt wird, die Erfahrung habe uns zur Kategorie der Negation oder zur Kategorie Mittel-Zweck geführt, dann ist das sinnlos; denn was hätte andere Erfahrung uns lehren können?

Dasselbe gilt aber auch vom Konventionalismus. Welche andere «Spielregel» käme dann an Stelle einer der logischen Grundannahmen oder des praxeologischen Grundbegriffs Handeln in Frage? Man könnte ein Spiel spielen, das sich vom üblichen Schachspiel dadurch unterscheidet, daß eine der Spielregeln durch eine beliebige andere Regel ersetzt wird. Könnte man auch ein Denken «spielen», bei dem zwischen Ja und Nein nicht unterschieden wird? Doch wenn diese Frage verneint wird, zeigt es sich, daß diese Unterscheidung einen Charakter hat, der von dem von Spielregeln abweicht. Hier stoßen wir wieder auf das unentrinnbare *a priori*.

Wenn die Behauptung aufgestellt wird, die Nationalökonomie sei ein deduktives System, das von einem apriorischen Ausgangspunkt abgeleitet wird, wird nicht etwa der Plan einer neuen Nationalökonomie entworfen, die von der bisher betriebenen verschieden ist. Es wird vielmehr gezeigt, was diese bisherige Nationalökonomie ist.

Es ist mir natürlich nicht entgangen, daß es auch Versuche gibt, die Nationalökonomie als Erfahrungswissenschaft zu betreiben. Es gibt einen nationalökonomischen Verein, der den Satz «science is measurement» zu seiner Devise gemacht hat. Im Sinne Mengers begrüße ich es, daß diese Richtung, mit reichen Geldmitteln ausgestattet, sich ganz ausleben darf.

84

Doch es lohnt nicht, sich mit der Vorstellung, man könnte in der Sphäre des menschlichen Handelns etwas in dem Sinne messen, in dem man von Messung in der Physik spricht, neuerlich auseinanderzusetzen. Wirtschaftsstatistik ist ein Verfahren der Wirtschaftsgeschichte, nicht etwa ein Verfahren, aus dem theoretische Einsicht gewonnen werden kann.

Auch in der Wirtschaftsgeschichte muß man verstehen, wo man mit dem Begreifen nicht mehr auskommt. Wenn man alle Daten ermittelt hat, die ein zu untersuchendes Ereignis bestimmt haben oder bestimmen konnten, kann nur mit dem Verstehen an die Beantwortung der Frage herangetreten werden, ob und in welchem Ausmaße die einzelnen Faktoren am Ergebnis mitgewirkt haben. Gerade im Quantitativen, das auf dem physikalischen Gebiete eine – freilich auch nur annähernde – «Exaktheit» zuläßt, liegt in der Sphäre des menschlichen Handelns die Aufgabe des Verstehens. Hier gibt es eben keine konstanten Beziehungen zwischen Größen.

Mathematik und Physik machen eine schwere Krise durch, aus der sie in ganz neuer Gestalt hervorgehen werden. Von dem hochgemuten Vertrauen in die unbezweifelbare Sicherheit, Eindeutigkeit und Exaktheit ihrer Sätze, das sie einst mitleidig auf die armen Geisteswissenschaften blicken ließ und sie zur Ignorierung der Nationalökonomie führte, ist wenig übriggeblieben. Die Mathematiker und Physiker beginnen – spät genug – die logischen und epistemologischen Probleme zu sehen. Logik und Wissenschaftslehre der Wissenschaften vom menschlichen Handeln können von Physik und Mathematik nichts lernen, doch die «exakten» Wissenschaften werden noch viel von den einst verachteten Geschwistern zu empfangen haben. Die Kluft zwischen den Naturwissenschaften und den Wissenschaften vom menschlichen Handeln wird damit nicht überbrückt werden. Zur «Einheitswissenschaft» wird man erst dann gelangen können, wenn man die im Physiologischen ablaufenden physikalischen und chemischen Prozesse, die den Gedanken «zweimal zwei gibt vier» erzeugen, von denen unterscheiden kann, die den Gedanken «zweimal zwei gibt fünf» erzeugen.

Meine epistemologischen Lehren haben nicht nur dem Aufbau der Logik und Wissenschaftslehre der Wissenschaften vom menschlichen Handeln und der Aufdeckung der Irrtümer des Positivismus, des Irrationalismus und des Historismus gedient. Ich habe mich auch mit dem Polylogismus auseinandersetzen müssen.

XIV. Meine Lehrtätigkeit in Genf

Meine Stellung in der Handelskammer berechtigte mich, nach Vollendung einer dreißigjährigen Dienstzeit mit dem Anspruch auf eine lebenslängliche Pension von nahezu 15 000 Schilling in den Ruhestand zu treten. Da jedem Kammerbeamten in diese Dienstzeit zweieinhalb Jahre Kriegszeit doppelt angerechnet wurden, da mir überdies eine dreijährige Vordienstzeit eingerechnet wurde und da ein angefangenes Dienstjahr als voll gezählt wurde, hatte ich am 1. Oktober 1932 das Recht auf Übertritt in den Ruhestand erworben. Ich hatte dem Eintritt dieses Datums immer mit gemischten Gefühlen entgegengesehen. Einerseits wollte ich der Verpflichtungen, die mir der Dienst auferlegte, ledig werden, um mich ganz der wissenschaftlichen Arbeit zuzuwenden. Andererseits aber mußte ich mir eingestehen, daß der Pensionsanspruch im Hinblick auf die allgemeine Unsicherheit der Verhältnisse recht prekär erschien.

Die Einrichtung der Handelskammern war, gerade wegen der von mir entfalteten wirtschaftlichen Tätigkeit, allen politischen Parteien im höchsten Maße unbequem geworden. Den Sozialdemokraten waren die Kammern stets ein Dorn im Auge gewesen. Die Großdeutschen erblickten in der geistigen Vorherrschaft der Wiener Kammer ein Hindernis des Anschlusses. Innerhalb der christlich-sozialen Partei hatte der mehr unter der Führung von Dollfuß stehende agrarische Flügel die Oberhand erlangt; die Agrarier sahen in den Kammern den Hauptgegner ihrer Politik. Man plante, die Kammern im Zuge des «ständischen Aufbaus» durch ein Sondergesetz aufzuheben. Das Schlagwort «Ständestaat» war in Österreich ganz inhaltslos; es deckte nichts als das Streben der christlich-sozialen Partei und der mit ihr verbündeten Heimwehr nach ungehemmter Parteiwirtschaft. Niemand wußte anzugeben, was er sich unter einem «Ständestaat» eigentlich vorstellte. Doch jedermann glaubte zu wissen, daß die Kammern für Handel, Gewerbe und Industrie nicht in die ständestaatliche Ordnung hineinpaßten und als «liberalistische» Einrichtung zu verschwinden hätten.

Die Kammern verfügten neben mir nur über zwei Beamte, die imstande waren, den Kampf für die Erhaltung der Kammern zu führen: Dr. Wilhelm Becker in Wien und Dr. Wilhelm Taucher in Graz, der im Nebenamte außerordentlicher Professor an der Grazer Universität war und im

Herbst 1937 und in den ersten Wochen 1938 dem Kabinette Schuschnigg als Handelsminister angehörte. Beide hielten meinen sofortigen Übertritt in den Ruhestand für bedenklich und veranlaßten mich, mit ihnen für die Kammern und für die Wahrung unserer Pensionsansprüche einzutreten. Es handelte sich für uns dabei nur noch um unser persönliches Interesse. Der innenpolitische Kampf um Österreich hatte ein Ende gefunden, als die Bankenkrise die Banken und damit die Großindustrie in direkte Abhängigkeit von der Notenbank gebracht hatte.

Im Frühjahr 1934 erhielt ich ganz unerwartet die Einladung, für das Studienjahr 1934/35 die Lehrkanzel für internationale Wirtschaftsbeziehungen am Genfer Institut Universitaire des Hautes Etudes Internationales zu übernehmen. Ich nahm sofort an. Ich schied formell nicht aus der Kammer aus, behielt auch die Leitung der Kammerabteilung für Finanzangelegenheiten bei und versprach, so oft es nötig werden sollte, nach Wien zu kommen. Ich verzichtete jedoch für die Dauer meiner Abwesenheit auf zwei Drittel meiner Bezüge.

Als ich im Herbst 1934 nach Genf kam, mußte ich damit rechnen, daß meine Berufung nur für ein Studienjahr erfolgt war. Mein Auftrag wurde jedoch verlängert; ich blieb bis zum Ende des Studienjahres 1939/40 in Genf.

Ich empfand die Entfernung von den politischen Aufgaben, denen ich mich in Wien nicht hatte entziehen können, und von der täglichen Kleinarbeit in der Kammer als Befreiung. Endlich durfte ich mich ganz und nahezu ausschließlich mit wissenschaftlichen Problemen befassen.

Das Institut war eine Schöpfung seiner Leiter William E. Rappard und Paul Mantoux. Die Lehrverpflichtung, die es seinen Lehrern auferlegte, war gering: eine Stunde Vorlesung und zwei Stunden Seminar in der Woche. Es herrschte ein herzliches Einvernehmen zwischen den Lehrern und Schülern. Der Geist des Liberalismus strahlte über dieser einzigartigen Schule.

Man konnte sich freilich nicht darüber täuschen, daß wir alle, die wir dort wirkten, auf verlorenem Posten standen. Ringsum stieg die Flut des Barbarentums.

Das Genf dieser Jahre wird in der Geschichte fortleben als Sitz des Völkerbundes. Der Völkerbund war nie wirklich. Aus einer großen Idee hatten die Diplomaten ein Amt mit mehreren hundert Angestellten gemacht. Da saßen Beamte, die kein anderes Interesse hatten, als ihre Stellen zu bewahren. An der Spitze dieses Beamtenkörpers stand ein ideenloser, kleinlich-beschränkter französischer Bürokrat, Monsieur Avenol. Die Beamten waren ihrem Chef kongenial.

Der Völkerbund ist jedoch nicht an der Unfähigkeit und Indolenz seiner Beamten gescheitert. Er ist nie ins Leben getreten, weil ihm die ideologische Grundlage gefehlt hat. In einer liberalen Welt können die einzelnen Staaten und Völker auch ohne besondere überstaatliche Organisation friedlich zusammenarbeiten. In einer von Nationalismus erfüllten Welt kann man die Konflikte weder durch Verträge noch durch die Schaffung internationaler Ämter beseitigen.

Das Versagen des Völkerbundes lähmte auch die Entfaltung des von Rappard und Mantoux begründeten Institutes. Die jungen Leute, die es aufsuchten, kamen nach Genf nicht nur zu dem Zwecke, um die Vorlesungen und Übungen zu belegen. Sie wollten in Genf dem beschränkten Nationalismus ihrer Heimat entrinnen und den Geist internationaler Kooperation erfassen. Was sie aber vom Völkerbund sahen, erfüllte sie mit Abscheu und raubte ihnen den Mut. Sie fanden das Genfer Milieu unerträglich. So sehr ihnen auch das Institut zusagte, so sehr enttäuschte sie alles, was sie vom «internationalen Leben» erfuhren.

Der Ausbruch des neuen Krieges schränkte die Tätigkeit des Institutes wesentlich ein. Nun waren seine Schüler nur noch Schweizer und politische Emigranten, die auf die Gelegenheit warteten, nach Amerika auszuwandern. Ich verließ das Institut im Juli 1940, weil ich es nicht länger ertragen konnte, in einem Lande zu leben, das meine Anwesenheit als politische Belastung und Gefährdung seiner Sicherheit empfand.

XV. Der Kampf für Österreichs Unabhängigkeit

Als ich nach Genf kam, gab ich mich über die Aussichtslosigkeit des Kampfes für Österreichs Unabhängigkeit keinen Täuschungen hin.

Die Politiker, die in Österreich am Ruder waren, hatten nicht die Fähigkeit, den Kampf außenpolitisch zu führen. Das Ausland war ihnen ganz fremd, sie verstanden weder seine Sprachen noch seine Mentalität noch seine politischen Ansichten. Sie waren nicht einmal imstande, die in Wien beglaubigten fremden Diplomaten und die fremden Journalisten richtig zu informieren. Die Diplomaten studierten in Wien die Freuden des Heurigen und betrieben Wintersport. Die Geschäfte überließen sie den Presse-Referenten der Missionen. Unter diesen Presse-Referenten war der rührigste der Italiener Eugenio Morreale.

Um die fremden Zeitungsberichterstatter kümmerte sich die Regierung überhaupt nicht. Die Information dieser Korrespondenten wurde den Sozialdemokraten überlassen.

Die vollkommene Unfähigkeit der sozialdemokratischen Führer wirkte katastrophal. Im Jahre 1918 hatte Otto Bauer die Forderung nach Anschluß an das Deutsche Reich zu einem Programmpunkt der Sozialdemokratie erhoben. Er ging dabei von dem Gedanken aus, daß im hochindustrialisierten Deutschen Reich die Herrschaft des Proletariats für alle kommenden Zeiten gesichert sei. Dagegen befürchtete er für Österreich, in dem die Mehrzahl der Bevölkerung aus Bauern, Landarbeitern und Kleingewerbebetreibenden bestand, eine Majorisierung der Proletarier durch die anderen Klassen. Auch als die Nationalsozialisten in Deutschland die Macht ergriffen hatten, wollte Bauer seine Politik nicht ändern. In seiner Verstocktheit sah er nicht, daß das Festhalten am Anschlußprogramm Wasser auf die Mühlen der Nazis war.

Die Sozialdemokraten wollten es einfach nicht zur Kenntnis nehmen, daß allein Italien bereit war, Österreich im Kampfe gegen die nationalsozialistische Gleichschaltung zu unterstützen. Sie kämpften leidenschaftlich gegen den «faschistischen» Kurs der Außenpolitik. Im Januar 1934 war Dollfuß bereit, vor den Nationalsozialisten zu kapitulieren. Die Verhandlungen waren schon ziemlich weit vorgeschritten, als in letzter Stunde Italien sein Veto einlegte. Der Duce entsendete seinen Unterstaatssekretär Suvich nach Wien, um der Regierung seinen Beistand zuzusagen.

Da setzten die Sozialdemokraten ihrer Blödheit die Krone auf. Ihr Blatt, die *Arbeiterzeitung,* warf Suvich vor, daß er im Weltkriege aus der österreichischen Armee desertiert war. Sozialdemokraten veranstalteten in den Straßen stürmische Kundgebungen gegen den Abgesandten des Duce. Nur durch ein gewaltiges Aufgebot von Polizei und Heimwehr konnte Suvich gegen persönliche Insulte geschützt werden. Um Suvich Genugtuung zu geben, verbot die Regierung für einen Monat den Postversand der *Arbeiterzeitung.* Die Sozialdemokraten antworteten durch schärfere Demonstrationen. Aus diesen entwickelten sich die Kämpfe, in denen die Regierung durch Truppen und Heimwehr die sozialdemokratischen «Ordner» niederwarf und der Herrschaft der Partei in der Wiener Gemeindeverwaltung ein Ende bereitete.

Nun traten die geflüchteten Führer der Partei in London, Paris und Prag ganz offen gegen jede Unterstützung Österreichs im Kampfe gegen Hitler ein: Zwischen dem österreichischen «Faschismus» und dem der Nazi wäre gar kein Unterschied, es wäre nicht die Aufgabe der westlichen Demokratien, sich in den Kampf zweier faschistischer Gruppen einzumischen.

Die Mächte hatten ohnehin nicht die Absicht, Hitler entgegenzutreten. Seit März 1933 lag das Schicksal Österreichs ganz in den Händen Italiens. Wäre nicht Italien zum Eingreifen bereit gewesen, hätte Hitler im Juli 1934 in den Kampf Österreichs gegen den von österreichischen Nazis und reichsdeutschen «Touristen» unternommenen Aufstand eingegriffen. Nachdem die englische Politik in der Äthiopischen Frage Italien in die Arme Hitlers getrieben hatte, war es um Österreich geschehen.

Es gibt keine Worte, die stark genug wären, um den Widersinn der englischen Politik zwischen den beiden Weltkriegen zu kennzeichnen. Die Engländer waren unbelehrbar. Sie glaubten, alles besser zu wissen und besser zu verstehen. Sie waren mißtrauisch gegen jedermann; nur den Nationalsozialisten glaubten sie alles.

Noch dümmer war das Verhalten der Tschechen. Beneš hat noch im Jahre 1938 in der Restauration der Habsburger ein größeres Übel sehen wollen als im Anschluß. Die Franzosen aber standen ganz unverblümt mit ihren Sympathien auf der Seite Hitlers. Nahezu alle gebildeten Franzosen lasen den *Gringoire,* der offen für Hitler eintrat. *Quos deus vult perdere, dementat.*

Es war ganz unmöglich, gegen diese Verbohrtheit anzukämpfen. Als ich nach Genf kam, hatte ich gehofft, daß es mir gelingen würde, ein wenig zur Aufklärung der maßgebenden Persönlichkeiten beizutragen. Ich mußte bald erkennen, daß das ein vergebliches Bemühen war. «Wir Engländer», erklärte mir ein englischer ‹Labour-man›, «wollen nie wieder Krieg führen.» Ich fragte: «Und wenn Hitler in England einfallen sollte?»

Die Antwort war verblüffend: «Dann werden wir eben von deutschen Kapitalisten regiert und ausgebeutet werden statt von den englischen; das macht für das Volk keinen Unterschied aus.»

Der Völkerbund war in Wien seit 1931 durch einen Holländer namens Rost van Tonningen vertreten. Rost betrieb in Wien offen pronazistische Propaganda. (Als er später aus dem Dienst des Völkerbundes schied und in seine Heimat zurückkehrte, wurde er sofort zum Führer-Stellvertreter der holländischen nationalsozialistischen Partei bestellt.) Meine Wiener Freunde wollten nicht glauben, daß es mir unmöglich war, die Abberufung Rosts durchzusetzen.

Nur *ein* Volk hat auf dem europäischen Kontinent ernstlich Hitler Widerstand geleistet – das österreichische. Erst nach fünf Jahren erfolgreichen Widerstands hat das kleine Österreich, von allen im Stich gelassen, kapituliert. Die ganze Welt atmete erleichtert auf. Jetzt war Hitler endlich saturiert, jetzt würde er friedlich mit den anderen Völkern verkehren. 27 Monate später war Hitler der Herr des europäischen Festlandes.

Bibliographie

I. Bücher

1 *Die Entwicklung des gutsherrlichbäuerlichen Verhältnisses in Galizien (1772–1848).* Wien und Leipzig: Franz Deuticke, 1902. vi: 144 S. In der Reihe *Wiener Staatswissenschaftliche Studien.* 4. Bd., 2. Hft.
2 *Theorie des Geldes und der Umlaufsmittel.* München und Leipzig: Duncker & Humblot, 1912. xi: 476 S. 2. Auflage 1924 (Nr. I/6).
3 *Nation, Staat und Wirtschaft: Beiträge zur Politik und Geschichte der Zeit.* Wien: Manzsche Verlags- und Universitäts-Buchhandlung, 1919. iv: 182 S.
4 *Die Gemeinwirtschaft: Untersuchungen über den Sozialismus.* Jena: Gustav Fischer, 1922, viii: 503 S. Hierin als S. 152–169 enthalten ist II/38. 2. Auflage 1932 (I/11).
5 *Die geldtheoretische Seite des Stabilisierungsproblems.* München und Leipzig: Duncker & Humblot, 1923. 37 S. Veröffentlicht mit einem Aufsatz von Franz Klein in *Schriften des Vereins für Sozialpolitik.* 164. Bd., 2. Teil.
6 *Theorie des Geldes und der Umlaufsmittel.* 2. neubearbeitete Auflage. München und Leipzig: Duncker & Humblot, 1924. xv: 420 S. 1. Auflage 1912 (I/2); englische Übersetzung: *The Theory of Money and Credit,* 1934 (I/13), erweitert 1953 (I/24). Diese 2. Auflage enthält zwei früher veröffentlichte Aufsätze: II/17 (1917/18) als S. 242–263 und II/48 als S. 216–221. Siehe «Appendix A» bzw. S. 231–236 der englischen Übersetzung. Japanisch: Übersetzt von Yoneo Azuma (Fuji Bank Ltd., Tokio), 1949. Spanisch: *Teoría del Dinero y del Crédito.* Übersetzt von Antonio Riano, Madrid: M. Aguilar, 1936. 490 S.
7 *Liberalismus.* Jena: Gustav Fischer, 1927. iv: 175 S. Englische Übersetzung 1962 (I/29). Französisch: «L'Economie Libérale: Ses Fondements, ses Conditions», S. 47–157 in *Les Essais: Cahiers Trimestriels,* Nr. 20. Paris, 1964–65. Nur Kapitel I und II des Buches. Schwedisch: *Kapitalism och Socialism.* Stockholm, 1930. Spanische Übersetzung 1977, Joaquin Reig Albiol, Union Editorial S. A. Madrid 2, 240 S.
8 *Geldwertstabilisierung und Konjunkturpolitik.* Jena: Gustav Fischer, 1928. iii: 84 S. Italienisch: *La Stabilizzazione del Potere d'Acquisto della Moneta e la Politica della Congiuntura.* Übersetzt von Prof. Jenny Griziotti Kretschmann. Turin 1935.
9 *Kritik des Interventionismus: Untersuchungen zur Wirtschaftspolitik und Wirtschaftsideologie der Gegenwart.* Jena: Gustav Fischer, 1929. iv: 136 S. Sammlung folgender früher veröffentlichter Aufsätze: «Interventionismus» (1926), «Gebundene Wirtschaft» (neu), «Sozialliberalismus» (1926), «Antimarxismus» (1925), «Theorie der Preistaxen» (1923). Neuauflage 1976, mit einer Einführung von F. A. Hayek. Wissenschaftliche Buchgesellschaft, Darmstadt 146 S. Critique of Interventionism, ins Englische übersetzt mit einer Einleitung von Hans F. Sennholz, Arlington House Publishers, New Rochelle, N. Y. 10801, 1977, 164 S.
10 *Die Ursachen der Wirtschaftskrise: Ein Vortrag.* Tübingen: J. C. B. Mohr (Paul Siebeck), 1931, 34 S. Neudruck des zweiteiligen Aufsatzes II/74 (1931). Holländisch: *De Oorzaken van de Economische Crisis.* Vorwort des Übersetzers Jr. A. J. Bergsma. Den Haag: Mouton & Co., 1933.

11 *Die Gemeinwirtschaft: Untersuchungen über den Sozialismus.* 2. umgearbeitete Auflage. Jena: Gustav Fischer, 1932. xx: 500 S. Sachregister. 1. Auflage 1922 (I/4); Englische Übersetzung: *Socialism,* 1936 (I/14); erweitert 1951 (I/21), Neudruck 1929 (I/34). Diese Auflage enthält zwei früher gesondert veröffentlichte Aufsätze, II/38 (erweitert um Section 3), der sich auf S. 139–158 findet, und II/52, der im Anhang, S. 480–484, nur teilweise wiedergegeben ist. Französisch: *Le Socialisme: Etude économique et sociologique.* Übersetzt von Paul Bastier, André Terrasse und François Terrasse. Vorwort von François Perroux. Paris: Librairie de Médicis, 1938. 626 S, Register.

12 *Grundprobleme der Nationalökonomie: Untersuchungen über Verfahren, Aufgaben und Inhalt der Wirtschafts- und Gesellschaftslehre.* Jena: Gustav Fischer, 1933. xvi: 216 S. Register. Englische Übersetzung 1960 (I/27). Sammlung folgender früher veröffentlichter Aufsätze: «Aufgabe und Umfang der allgemeinen Wissenschaft vom menschlichen Handeln» (neu), «Soziologie und Geschichte» (1929), «Begreifen und Verstehen» (1930), «Vom Weg der subjektivistischen Wertlehre» (1931), «Bemerkungen zum Grundproblem der subjektivistischen Wertlehre» (1928), «Die psychologischen Wurzeln des Widerstandes gegen die nationalökonomische Theorie» (1931), «Der Streit um die Wertlehre» (1932), «Das festangelegte Kapital» (1931).

13 *The Theory of Money and Credit.* Übersetzt von H. E. Batson. Einführung von Lionel Robbins. London: Jonathan Cape, 1934. 445 S. Register. Übersetzt nach der 2. deutschen Auflage (I/6); erweiterter Neudruck 1953 (I/24). Die zwei früher gesondert veröffentlichten Aufsätze II/17 und II/48 sind in dieser und in der 2. englischen Auflage (I/24) auf S. 461–481 bzw. S. 231–236 enthalten.

14 *Socialism: An Economic and Sociological Analysis.* Übersetzt von J. Kahane. London: Jonathan Cape, 1936. 528 S. Register. Aus der 2. deutschen Auflage, 1923 (I/11): Die zwei früher gesondert veröffentlichten Aufsätze II/38 und II/52 sind hier und in späteren englischen Auflagen (I/14, I/34) auf S. 163–181 (erweitert um Section 3) bzw. S. 516–521 enthalten. Amerikanische Ausgabe: New York: Macmillan Co., o. J.

15 *Nationalökonomie: Theorie des Handelns und Wirtschaftens.* Genf: Editions Union, 1940. xvi: 756 S. Sachregister. Durchgehend praxeologische Behandlung nationalökonomischer Probleme, deutscher Vorläufer von *Human Action* (I/20).

16 *Omnipotent Government: The Rise of the Total State and Total War.* New Haven: Yale University Press, 1944. 291 S. Register. Neudruck 1969 (I/35). Neuauflage 1977 Arlington House Publishers, New Rochelle, N. Y. 10801. Französisch: *Le Gouvernement Omnipotent de l'Etat Totalitaire à la Guerre Totale.* Übersetzt von M. de Hulster. Paris: Librairie de Médicis, 1947. 408 S. Spanisch: *Omnipotencia Gubernamental.* Übersetzt von Pedro Elgoibar. México: Editorial Hermes, o. J. 452 S.

17 *Bureaucracy.* New Haven: Yale University Press, 1944. 125 S. Neudruck 1969 (I/36); Neuauflage 1977, Arlington House Publishers, New Rochelle, N. Y. 10801. Auszüge in *Fundamentals of Voluntary Health Care,* George B. de Huszar, Hrg. (Caldwell, Idaho: Caxton Printers, 1962). Britische Ausgabe: London: W. Hodge & Co., Ltd. 1945. 148 S. Französisch: *La Bureaucratie.* Übersetzt von R. Florin u. P. Barbier. Paris: Librairie de Médicis, 1946.

18 *Planned Chaos.* Irvington-on-Hudson, N. Y.: Foundation for Economic Education, Inc., 1947. 90 S. (Neudruck 1961). Als Nachwort, S. 525–592, enthalten in *Socialism* (I/21, I/34). Französisch: *Le Chaos du Planisme.* Übersetzt von J. P. Hamilius, Paris: Editione Génin. Librairie de Médicis. 1956. 136 S.

19 «Observations on the Cooperative Movement». Teil I von *Cooperatives in the Petroleum Industry,* Bericht geschrieben für die Empire State und Illinois Petroleum Associations. New York, Petroleum Industry Research Foundation, 1947, 61 S.

20 *Human Action: A Treatise on Economics.* New Haven: Yale University Press, 1949. 889 Seiten. Register. 2. Auflage 1963 (I/31); 3. Auflage 1966 (I/32). Kurze Auszüge in *Essays*

on Liberty, I, III und IV. Britische Ausgabe: London: W. Hodge & Co., Ltd., 1949. Ausführliches Register von Vern Crawford: Irvington-on-Hudson, N. Y.: Foundation for Economic Education, Inc., 1954. 20 S. Spanisch: *La Acción Humana: Tratado de Economía.* Übersetzt von Joaquín Reig Albiol. Valencia: Fundación Ignacio Villalonga, 1960. 2 Bände, 601 u. 673 S. Register. Italienisch: *L'Azione Umana: Trattato di Economia.* Übersetzt und eingeleitet von Tullio Bagiotti. Turin: Unione Tipografico, Editrice Torinese, 1959, 861 S. Register. Chinesische Übersetzung von Tao-Ping-Hsia, Herausgeber Fuchow Wang, China Data Processing Center, Taipeh, Taiwan. 1976. Französische Übersetzung in Vorbereitung.

21 *Socialism: An Economic and Sociological Analysis.* Übersetzt von J. Kahane. Neuauflage, mit einem Nachwort versehen. New Haven: Yale University Press, 1951. 599 S. Register. Neudruck der Übersetzung aus 1936 (I/14) nach der 2. deutschen Auflage (I/11), erweitert um *Planned Chaos* (I/18); Neudruck 1969 (I/34). Spanisch: *El Socialismo: Análisis Económico y Sociológico.* Übersetzt von Luis Montes de Oca. México: Editorial Hermes, S. A., 1961. 621 S. Register. Enthält eine Stellungnahme zur Österreichischen Schule und zu Mises' Werk, die auf Englisch nicht erhältlich ist (S. xvii–xxiv).

22 *Profit and Loss.* South Holland, Illinois: Consumers-Producers Economic Service, 1951. 55 S. Referat vor der Mont Pèlerin Society (September 1951) in Beauvallon, Frankreich; abgedruckt in *Planning for Freedom* (I/23, I/28); Auszüge in *The Invisible Hand,* Adrian Klaasen, Hrg. (Chicago: Regnery, 1965).

23 *Planning for Freedom, and Other Essays and Addresses.* Libertarian Press, South Holland, Illinois, 1952, 174 S. Diese Sammlung enthält:

I.   Planning for Freedom (1945)
II.   Middle-of-the Road Policy Leads to Socialism (1950)
III.   Laissez Faire or Dictatorship (1949)
IV.   Stones into Bread, the Keynesian Miracle (1948)
V.   Lord Keynes and Say's Law (1950)
VI.   Inflation and Price Control (1945)
VII.   Economic Aspects of the Pension Problem (1950)
VIII. Benjamin M. Anderson Challenges the Philosophy
       of the Pseudo-Progressives (1950)
IX.   Profit and Loss (1951, I/22)
X.   Economic Teaching at the Universities (1952)
XI.   Trends Can Change (1951)
XII.   The Political Chances of Genuine Liberalism (1951).
       Neudruck 1962 (I/28) mit einem zusätzlichen Aufsatz:
       Wages, Unemployment and Inflation. Dritte (Gedenk-Auflage) 1974, 194 S.

24 *The Theory of Money and Credit.* Übersetzt von H. E. Batson. Neuauflage, erweitert um den Aufsatz «Monetary Reconstruction». New Haven: Yale University Press, 1953. 493 S. Register. Erweiterter Neudruck der englischen Übersetzung, 1934 (I/13) nach der 2. deutschen Auflage, 1924 (I/6). Spanisch: *Teoría del Dinero y Crédito.* Übersetzt von José Ma. Clarmunda Bes. Durchsicht des kastilischen Textes erfolgte durch Hermilo Larumbe Echávarri. Barcelona: Ediciones Zeus, 1961. 546 S. Spanisch: *Reconstrucción Monetaria.* Übersetzt von Gustavo R. Velasco. Buenos Aires: Centro de Estudios sobre la Libertad, 1961. 91 S. Übersetzung des Aufsatzes aus 1953 (S. 411–457 von I/24).

25 *The Anti-Capitalistic Mentality.* Princeton, N. J.: D. Van Nostrand Co., Inc., 1956. 114 S. Register. Fast vollständiger Abdruck in *U. S. News and World Report,* 19. Oktober 1956; Auszüge auch in *The Intellectuals,* George B. de Huszar, Hrg. (Glencoe, Ill., Free Press, 1960). Neuauflage 1978, Libertarian Press, South Holland, Illinois. Britische Ausgabe: London: Macmillan, 1956. Deutsch: *Die Wurzeln des Anti-Kapitalismus.* Frankfurt a. M.: Fritz Knapp Verlag, 1958. 125 S. Spanisch: *La Mentalidad Anticapita-*

lista. Übersetzt von J. Reig Albiol. Valencia: Fundación Ignacio Villalonga, Biblioteca de Estudios Económicos, 1957, 166 S. Register. «Estudio preliminar» (S. 15–59) von J. Reig Albiol. Schwedisch: *Den antikapitalistika mentaliten.* Übersetzung von Lennart Thureson. Stockholm: Natur och Kultur, 1957.

26 *Theory and History: An Interpretation of Social and Economic Evolution.* New Haven: Yale University Press, 1957. 384 S. Register. Neudruck 1969 (I/37). Spanisch: *Teoría e Historia.* Übersetzt von Jorge Gómez de Silva. México: Ediciones Colofon, S. A., 1964. 396 S. *Teoria e Historia,* neu übersetzt von Rigoberto Juarez-Paz, 1975, Editorial Universidad Francisco Marroquin, Guatemala, 330 S.

27 *Epistemological Problems of Economics.* Übersetzt von George Reisman. Princeton, N. J.: D. Van Nostrand Co., Inc., 1960. 239 S. Register. Aus dem Deutschen, 1933 (I/12), einer Sammlung von ursprünglich zwischen 1928 und 1932 veröffentlichten Aufsätzen.

28 *Planning for Freedom, and Other Essays and Addresses.* 2., erweiterte Auflage: South Holland, Illinois: Libertarian Press, 1962. 184 S. Neudruck der Auflage von 1952 (I/23), unter Anfügung des Essay X, «Wages, Unemployment and Inflation» (1958).

29 *The Free and Prosperous Commonwealth: An Exposition of the Ideas of Classical Liberalism.* Übersetzt von Ralph Raico. Durchgesehen von Arthur Goddard. Princeton, N. J.: D. Van Nostrand Co., Inc., 1962. 207 S. Register. Aus dem Deutschen, 1927 (I/7).

30 *The Ultimate Foundation of Economic Science: An Essay on Method.* Princeton, N. J.: D. Van Nostrand Co., Inc., 1962. 148 S. Register. Japanisch: *Keizai Kagaku no Kontei.* Übersetzt von Toshio Murata. Von August 1968 bis August 1969 in Fortsetzungen erschienen in *Keizai Rondan* (hrg. v. Keizai Rondan Sha, Tokio).

31 *Human Action: A Treatise on Economics.* Neue, überarbeitete Auflage. New Haven: Yale University Press, 1963. xix: 907 S. Register. Einzelne Abschnitte dieser 2. Auflage sind erweitert. Leider enthält sie schwerwiegende Druckfehler. 1. Auflage 1949 (I/20); 3. Auflage 1966 (I/32).

32 *Human Action: A Treatise on Economics.* 3., überarbeitete Auflage. Chicago: Henry Regnery Co., 1966. xvii: 907 S. Register. Vollständiger Neudruck, Wortlaut im wesentlichen gleich der Auflage von 1963 (I/31); 1. Auflage 1949 (I/20). Spanisch: *La Acción Humana: Tratado de Economía.* Übersetzt von Joacquín Reig Albiol. Madrid: Editorial Sopec, S. A., 1968. 1070 S.

33 *The Historical Setting of the Austrian School of Economics.* New Rochelle, N. Y.: Arlington House, 1969. 47 S.

34 *Socialism: An Economic and Sociological Analysis.* Übersetzt von J. Kahane. Neuauflage, um ein Nachwort erweitert. London: Jonathan Cape, 1969. 599 S. Register. Neudruck der Auflage aus 1951 (I/21), welche als Nachwort «Planned Chaos» (I/18) enthält.

35 *Omnipotent Government: The Rise of the Total State and Total War.* New Rochelle, N. Y.: Arlington House, 1969. 291 S. Register. Neudruck der Auflage aus 1944 (I/16).

36 *Bureaucracy.* New Rochelle, N. Y.: Arlington House, 1969. 128 S. Register. Neudruck der Auflage aus 1944 (I/17) unter Anfügung eines Registers.

37 *Theory and History: An Interpretation of Social and Economic Evolution.* New Rochelle, N. Y.: Arlington House, 1969. 384 S. Register. Neudruck der Auflage aus 1957 (I/26).

38 *Notes and Recollections,* ins Englische übersetzt, mit einem Epilog von Hans F. Sennholz, Vorwort von M. v. Mises, Libertarian Press, South Holland, Illinois, 1978. 181 S.

II. Aufsätze

1905

1 «Zur Frage der Altersversorgung der Arbeiter» in *Zeitschrift für Volkswirtschaft, Sozialpolitik und Verwaltung.* XIII: 463–465. 1904.
2 «Zur Geschichte der österreichischen Fabriksgesetzgebung» in *Zeitschrift für Volkswirtschaft, Sozialpolitik und Verwaltung.* XIV: 209–271. 1905.

1907

3 «Die wirtschaftspolitischen Motive der österreichischen Valutaregulierung» *Zeitschrift für Volkswirtschaft, Sozialpolitik und Verwaltung.* XVI: 561–582. 1907.

1908

4 »Neuere Schriften über Geld- und Bankwesen» in *Zeitschrift für Volkswirtschaft, Sozialpolitik und Verwaltung.* 17: 660–674. 1908. Literaturbericht.

1909

5 »The Foreign Exchange Policy of the Austro-Hungarian Bank» in *The Economic Journal.* XIX: 201–211. Juni 1909.
6 «Das Problem gesetzlicher Aufnahme der Barzahlungen in Oesterreich-Ungarn» in *Jahrbuch für Gesetzgebung, Verwaltung und Volkswirtschaft* (Schmollers Jahrbuch), XXXIII (Nr. 3): 985–1037. 1909

1910

7 «La Réforme financière en Autriche» in *Revue Économique Internationale.* 7 (Nr. 47: 39–59. 1910.
8 «Zum Problem gesetzlicher Aufnahme der Barzahlungen in Oesterreich-Ungarn: Ein Schlußwort gegenüber Walther Federn» in *Jahrbuch für Gesetzgebung, Verwaltung und Volkswirtschaft* (Schmollers Jahrbuch), XXXIV (3–4): 1877–1884. 1910.
9 «Neue Literatur über Geld- und Bankwesen» in *Zeitschrift für Volkswirtschaft, Sozialpolitik und Verwaltung.* XIX: 385–395. 1910. Literaturbericht.

1912

10 «Die Reform der österreichischen Versicherungsgebühren» in *Österreichische Zeitschrift für öffentliche und private Versicherung.* 3: 265–274. 1912.
11 «Das vierte Privilegium der Österreichisch-Ungarischen Bank» in *Zeitschrift für Volkswirtschaft, Sozialpolitik und Verwaltung.* XXI: 611–624. 1912.
12 «Neue Literatur über Geld- und Bankwesen» in *Zeitschrift für Volkswirtschaft, Sozialpolitik und Verwaltung.* 21: 669–676. 1912. Literaturbericht.
13 «Entgegnung (auf W. Federns Entgegnung auf den Artikel von Dr. v. Mises, ‹Das 4. Privilegium der Österreichisch-Ungarischen Bank›)» in *Zeitschrift für Volkswirtschaft, Sozialpolitik und Verwaltung.* 21: 753–756. 1912.

1913

14 «Die allgemeine Teuerung im Lichte der theoretischen Nationalökonomie» in *Archiv für Sozialwissenschaft und Sozialpolitik.* XXXVII: 557–577. 1913.

1914/1915

15 »Die Störungen im Wirtschaftsleben der österreichisch-ungarischen Monarchie während der Jahre 1912/1913« in *Archiv für Sozialwissenschaft und Sozialpolitik.* XXXIX: 174–186. 1914/1915.

1916/1917

16 »Vom Ziel der Handelspolitik« in *Archiv für Sozialwissenschaft und Sozialpolitik.* XLII: 561–585. 1916/1917.

1918

17 «Zur Klassifikation der Geldtheorien» in *Archiv für Sozialwissenschaft und Sozialpolitik.* 44: 198–213. 1917/1918. Mit kleinen Veränderungen und Zusätzen als S. 242–263 in der 2. Aufl. von *Theorie des Geldes und der Umlaufsmittel* (I/6) und als «Appendix A» der englischen Übersetzung (I/13, I/24).

18 «Die Quantitätstheorie» in *Mitteilungen des Verbandes österreichischer Banken und Bankiers.* 1 (3/4). 1918.

19 «Zur Währungsfrage» in *Mitteilungen des Verbandes österreichischer Banken und Bankiers.* 1 (5/6): 1–6. 1918.

20 «Über Kriegskostendeckung und Kriegsanleihen». Wien: Phoebus, Kommissionsverlag Dr. Pimmer, 1919. Nr. 2. 14 S. Nach den Notizen eines frei gesprochenen Vortrages veröffentlicht. Nicht vom Autor durchgesehen.

1919

21 «Zahlungsbilanz und Devisenkurse» in *Mitteilungen des Verbandes österreichischer Banken und Bankiers.* 2 (Nr. 3/4). 1919.

22 «Der Wiedereintritt Deutsch-Österreichs in das Deutsche Reich und die Währungsfrage» in *Wirtschaftliche Verhältnisse in Deutsch-Österreich.* 158: 147–171. (*Schriften des Vereins für Sozialpolitik,* herausgegeben von Michael Hainisch). Leipzig, 1919.

23 «Einstellung der Notenvermehrung oder Devisenverordnungen: Bemerkungen zum vorstehenden Artikel des Finanzrates Dr. Franz Bartsch» in *Mitteilungen des Verbandes österreichischer Banken und Bankiers.* 2 (Nr. 5/6); 1–2. 22. April 1919.

24 «Geldentwertung und Staatshaushalt» in *Neues Wiener Tagblatt.* 5. Oktober 1919.

25 «Richard Lieben als Nationalökonom» in *Neue Freie Presse.* 14. November 1919.

26 «Stadt und Land in der direkten Besteuerung» in *Neues Wiener Tagblatt.* 27. & 29. November 1919.

27 «Die Wiedereinführung des börsenmäßigen Valutahandels» in *Neue Freie Presse.* 23. Dezember 1919.

1920

28 Walter Huth's *Die Entwicklung der deutschen und französischen Großbanken im Zusammenhange mit der Entwicklung der Nationalwirtschaft* (Berlin, 1918) in *Weltwirtschaftliches Archiv.* 15: 128. Kiel: Juli-April, 1919–1920. Buchbesprechung.

29 «Ernste Rückgänge der Valuta» in *Neue Freie Presse.* 28. Januar 1920.

30 «Zu Carl Mengers achtzigstem Geburtstag» in *Neues Wiener Tagblatt.* 22. Februar 1920.

31 «Die Abschaffung des Geldes in Rußland» in *Neue Freie Presse.* 17. November 1920.

32 «Die politischen Beziehungen Wiens zu den Ländern im Lichte der Volkswirtschaft» in *Jahrbuch der Gesellschaft Österreichischer Volkswirte.* 1920. 22 S. Vortrag.

1921

33 «Die Wirtschaftsrechnung im sozialistischen Gemeinwesen» in *Archiv für Sozialwissenschaft und Sozialpolitik*. 47: 86–121. 1920–1921. Englisch: «Economic Calculation in the Socialist Commonwealth», übersetzt v. S. Adler (pp. 87–130) in *Collectivist Economic Planning: Critical Studies of the Possibilities of Socialism*. Hrsg. v. F. A. Hayek. London: G. Routledge & Sons, Ltd., 1935. Französisch: «Le Calcul Economique en Régime Collectiviste», (pp. 93–130) in *L'Économie Dirigée en Régime Collectiviste: Études Critiques sur les Possibilites du Socialisme* (1939).

34 «Wie könnte Österreich gerettet werden? Ein wirtschaftspolitisches Programm für Österreich» in *Die Börse*. 17. Februar 1921.

35 «Die Ansprüche der Noteninhaber bei der Liquidation der Bank» in *Neue Freie Presse*. 25. & 26. Februar 1921.

36 «Carl Menger» in *Neues Wiener Abendblatt*. 26. Februar 1921.

37 «Die Wiener Industrie und die Luxuswarenabgabe» in *Neues 8 Uhr Blatt*. 13. Mai 1921.

38 «Die Arbeit im sozialistischen Gemeinwesen» in *Zeitschrift für Volkswirtschaft und Sozialpolitik*. N. F. 1: 459–476. 1921. Als S. 152–169 enthalten in *Die Gemeinwirtschaft*, 1. Aufl. 1922 (I/4) und mit Hinzufügung eines neuen Abschnittes (S. 146–149) als S. 139–158 in der 2. Aufl. 1932 (I/11). Siehe S. 163–181 der englischen Übersetzung, *Socialism* (I/14, 21 & 34).

1922

39 «Inflation und Geldknappheit: Gegen eine weitere Verwendung der Notenpresse» in *Neue Freie Presse*. 11. März 1922.

40 «Das österreichische Währungsproblem vor 30 Jahren und heute» in *Neue Freie Presse*. 17. März 1922.

41 «Die alte und die neue Notenbank» in *Österreichische Revue*. 25. Dezember 1922.

1923

42 «Das österreichische Problem» in *Neue Freie Presse*. 3. Februar 1923. S. 5. Besprechung von *Der Selbstmord eines Volkes, Wirtschaft in Österreich*, von Siegfried Strakosch.

43 «Carl Menger's ‹Grundsätze› in zweiter Auflage» in *Neues Wiener Tagblatt*. 26. Februar 1923. Buchbesprechung.

44 «Wilhelm Rosenbergs politische Wirksamkeit» in *Neue Freie Presse*. 6. April 1923. Nachruf.

45 Waldemar Mitscherlich's *Der Nationalismus Westeuropas* in *Weltwirtschaftliches Archiv*. 19: 302. 1923. Buchbesprechung.

46 «Preistaxen: I. Theorie» in *Handwörterbuch der Staatswissenschaften*. 4. Auflage. 6: 1055–1062. Herausgegeben von L. Elster, Ad. Weber, Fr. Wieser. Jena: Gustav Fischer, 1923. Neudruck 1929 (I/9)

1924

47 «Eugen v. Böhm-Bawerk: Zu seinem 10. Todestag» in *Neue Freie Presse*. 27. August 1924.

48 «Über Deflationspolitik» in *Mitteilungen des Verbandes Österreichischer Banken und Bankiers*. 6: 13–18. 1924. Enthalten als S. 216–221 in der 2. Aufl. von *Theorie des Geldes und der Umlaufsmittel* (I/6) und als S. 231–236 der englischen *The Theory of Money and Credit* (I/13, I/24).

49 «Die Rückkehr zur Goldwährung» in *Mitteilungen des Verbandes Österreichischer Banken und Bankiers*. 6: 106–122. 1924.

50 «Finanz- und währungspolitische Fragen in der Gegenwart,» in *Mitteilungen des Hauptverbandes der Industrie* (Teplitz). 5: 201–209. 1924. Vortrag in der Tschechoslowakei.

51 Gustav Seibt's *Deutschlands kranke Wirtschaft und ihre Wiederherstellung* (Bonn: A. Marcus & Webers Verlag, 1923) in *Schmollers Jahrbuch für Gesetzgebung, Verwaltung und Volkswirtschaft im Deutschen Reich*. 48 (Nr. 1): 334–335. 1924. Buchbesprechung.

52 «Neue Beiträge zum Problem der sozialistischen Wirtschaftsrechnung» in *Archiv für Sozialwissenschaft und Sozialpolitik*. 51: 488–500. 1924. In Teilen abgedruckt als Anhang (S. 480–484) zu der 2. Aufl. von *Die Gemeinwirtschaft*, 1924 (Nr. I/11). S. 516–521 im englischen *Socialism* (I/14, I/21, I/34).

1925

53 Karl Helfferich's *Das Geld*, 6. neubearbeitete Auflage (Hand- und Lehrbuch der Staatswissenschaften. Leipzig: Verlag von C. L. Hirschfeld, 1923) in *Zeitschrift für Volkswirtschaft und Sozialpolitik*. N. F. 4: 160. 1924–1925. Buchbesprechung.

54 «Die Goldkernwährung» in *Deutsche Allgemeine Zeitung*. 24. Februar 1925.

55 «Antimarxismus» in *Weltwirtschaftliches Archiv*. 21 (Nr. 2): 266–293. April 1925. Neudruck 1929 (I/9).

56 «Die Goldwährung» in *Neues Wiener Tagblatt*. Nr. 101: 19–20. 12. April 1925.

1926

57 «Eugen von Philippovich» in *Neue österreichische Biographie, 1815–1918* (Abt. 1). III: 53–62. Wien, 1926.

58 «Interventionismus» in *Archiv für Sozialwissenschaft und Sozialpolitik*. 56: 610–653. 1926. Neudruck 1929 (I/9).

59 «Sozialliberalismus» in *Zeitschrift für die gesamte Staatswissenschaft*. 81: 242–278. 1926. Neudruck 1929 (I/9).

1927

60 «Amerika und der Wiederaufbau der europäischen Wirtschaft» in *Mitteilungen des Hauptverbandes der Industrie* (Teplitz). 8: 5–7. 1927.

61 «Die Vereinigten Staaten von Europa» in *Weltwirtschaft*. 15: 147–148. 1927.

62 «Das Ende des Laissez-Faire, Ideen zur Verbindung von Privat- und Gemeinwirtschaft» in *Zeitschrift für die gesamte Staatswissenschaft*. 82: 190–191. 1927. Besprechung eines Vortrages von J. M. Keynes in Berlin.

1928

63 «Die Lehre vom Gelde» in *Forschungen und Fortschritte*. Berlin, Februar 1928.

64 «Bemerkungen zum Grundproblem der subjektivistischen Wertlehre» in *Archiv für Sozialwissenschaft und Sozialpolitik*. 59 (Nr. 1): 32–47. Februar 1928. Neudruck 1933 (I/12), englisch 1960 (I/27).

65 «Neue Schriften zum Problem der sozialistischen Wirtschaftsrechnung» in *Archiv für Sozialwissenschaft und Sozialpolitik*. 60: 187–190. 1928. Übersicht der jüngsten Publikationen.

66 «Die sittliche Idee des Klassenkampfes und die Entartung des Kapitalismus» in *Zeitschrift für die gesamte Staatswissenschaft*. 85: 167–168. 1928. Besprechung des Werkes von Eduard Heimann.

67 «Währung und Finanzen des Bundesstaates Österreich» in *Deutsche Wirtschaftszeitung.* XXV: 913–915. 1928.

1929

68 «Carl Menger und die österreichische Schule der Nationalökonomie,» Anläßlich der Enthüllung des Denkmals in der Universität, in *Neue Freie Presse.* 29. und 30. Januar 1929.
69 «Soziologie und Geschichte: Epilog zum Methodenstreit in der Nationalökonomie» in *Archiv für Sozialwissenschaft und Sozialpolitik.* 61 (Nr. 3): 465–512. Tübingen: J. C. B. Mohr (Paul Siebeck), 1929. Neudruck 1933 (I/12), englisch 1960 (I/27).
70 «Verstaatlichung des Kredits?» in *Zeitschrift für Nationalökonomie.* I (Nr. 1): 430–439. 1929. Englisch: «The Nationalization of Credit?», übersetzt von Louise Sommer in *Essays in European Economic Thought* (Princeton, N. J.: D. Van Nostrand Co., Inc., 1960). Neu aufgenommen in *Kritik des Interventionismus,* Wissenschaftliche Buchgesellschaft, Darmstadt 1976 und in *Critique of Interventionism,* Arlington House Publishers, New Rochelle, New York, 1977.

1930

71 «Begreifen und Verstehen» in *Schmollers Jahrbuch für Gesetzgebung, Verwaltung und Volkswirtschaft im Deutschen Reich.* 54: 331–343. 1930. Neudruck 1933 (I/12); Englisch, 1960 (I/27).
72 «Das Wirtschaftssystem des Interventionismus» in *Mitteilungen des Deutschen Hauptverbandes der Industrie* (Folge 31). XI: 569–571. 31. Juli 1930.
73 «Anpassung der öffentlichen Ausgaben an die Tragfähigkeit der Wirtschaft» in *Industrieller Klub,* Nr. 351. 10. Dezember 1930. 12 S. Vortrag in Wien, gehalten 1. Dezember 1930.

1931

74 «Die Ursachen der Weltwirtschaftskrise: Ein Vortrag» in *Mitteilungen des Deutschen Hauptverbandes der Industrie.* XII: 157–161 (Folge 10) 12. März 1931 & XII: 171–174 (Folge 11) 19. März 1931. Einzelabdruck 1931 (I/10).
75 «Vom Weg der subjektivistischen Wertlehre» in *Probleme der Wertlehre,* Teil I. Herausgegeben von Ludwig Mises und Arthur Spiethoff. *Schriften des Vereins für Sozialpolitik.* 183: 79–93. München & Leipzig: Duncker & Humblot, 1931. Neudruck, 1933 (I/12), englisch 1960 (I/27).
76 «Die psychologischen Wurzeln des Widerstandes gegen die nationalökonomische Theorie» in *Probleme der Wertlehre,* Teil I. Herausgegeben von Ludwig Mises und Arthur Spiethoff. *Schriften des Vereins für Sozialpolitik.* 183: 275–295. München & Leipzig: Duncker & Humblot, 1931. Neudruck 1933 (I/12), englisch 1960 (I/27).
77 «Das festangelegte Kapital,» S. 214–228 in *Economische Opstellen: Aangeboden aan Prof. Dr. C. A. Verrijn Stuart.* Haarlem: De Erven F. Bohn N. V., 1931. Neudruck, 1933 (I/12), englisch 1960 (I/27).
78 «Unrentabilität als Prinzip» in *Allgemeiner Tarifanzeiger* (Sonderausgabe aus Anlaß des L. Jahrganges der Zeitschrift). S. 67–68. 1931.
79 »Die bankpolitischen Lehren der Krisis» in *Allgemeiner Tarifanzeiger. 1. August 1931.*
80 *«Die Krise und der Kapitalismus» in Neue Freie Presse. 17. Oktober 1931.*
81 «Die Goldwährung und ihre Gegner» in *Neue Freie Presse.* 23. und 30. Dezember 1931.

1932

82 «Die Stellung des Geldes im Kreise der wirtschaftlichen Güter» in *Die Wirtschaftstheorie der Gegenwart*, (Festschrift für Friedrich von Wieser), herausgegeben von Hans Mayer. II: 309–318. Wien: Julius Springer, 1931/2.

83 «Die Legende vom Versagen des Kapitalismus,» S. 23–29 in *Der internationale Kapitalismus und die Krise*, Festschrift für Julius Wolf zum 20. April 1932. Stuttgart, 1932.

84 «The Great German Inflation» in *Economica*. XII (Nr. 36): 227–234. Mai 1932. Besprechung von Frank D. Graham's *Exchange, Prices and Production in Hyper-Inflation: Germany, 1920–1923*. (Princeton University Press).

85 «Der Kampf um die englische Handelspolitik» in *Neue Freie Presse*. Nr 449: 17. 25. Juni 1932. Besprechung d. deutschen Übersetzung eines von W. Beveridge hrsgg. Sammelbandes über Schutzzollpolitik.

86 Mündliche Aussprache über die Wertlehre im theoretischen Ausschuß des Vereins für Sozialpolitik,» 30. September 1932, Dresden, 1–12, 37, 116–120, in *Probleme der Wertlehre*, Teil II. Herausgegeben von L. Mises and Arthur Spiethoff. München: Duncker & Humblot, 1933. Neudruck 1933 (I/12), englisch 1960 (I/27).

87 Rudolph Sieghart's *Die Letzten Jahrzehnte einer Großmacht: Menschen, Völker und Probleme des Habsburger-Reichs* (Berlin: Ullstein, 1932) in *Economica*. Nr. 38: 477–478. November 1932. Englisch geschriebene Besprechung.

1933

88 «Planwirtschaft und Sozialismus» in *Neues Wiener Tagblatt*. Nr. 78: 2–3. 19. März 1933.

89 «Senior's Lectures on Monetary Problems» in *Economic Journal*. XLIII: 525–530. 1933. Besprechung von Seniors Vorlesungen (Nr. 3, 4 und 5 in der Series of Reprints of Scarce Tracts in Economic and Political Science). London School of Economics and Political Science.

90 «Der Stand und die nächste Zukunft der Konjunkturforschung,» S. 175–180 in *Festschrift für Arthur Spiethoff*, München, 1933.

1934

91 «Die österreichische Nationalökonomie» in *Der Wirtschaftler*. 27. April 1934. S. 316–317.

92 «Bilanz des XIX. Jahrhunderts» in *Wiener Wirtschaftswoche*. III (Nr. 51–53).

93 «Das Währungsproblem» in *Mitteilungen des Verbandes österreichischer Banken und Bankiers*. 16: 271–277. 1934.

1935

94 «Der Kultus des Irrationalen» in *Cobden* (Budapester Zeitschrift), 1935. Ungarisch veröffentlicht.

95 «Freizügigkeit als internationales Problem» in *Wiener Wirtschaftswoche*, 1935. 4 (Nr. 51–53).

96 «Der Weg der österreichischen Finanzpolitik» in *Wirtschaftliche Nachrichten*, 1935. 18 (Nr. 1).

1936

97 «Wirtschaftsordnung und politische Verfassung» in *Wiener Wirtschaftswoche*, 1936. 5 (Nr. 51–53).

98 «La Theorie dite Autrichienne du Cycle Économique», S. 459–464, in *Bulletin* der Société Belge d'Études et d'Expansion, 1936.

99 «Memorandum on New Technical Arguments for Postponing Stabilization», S. 156–163, and «Memorandum on Exchange Stabilization and the Problem of Internal Planning», S. 187–190, in *The Improvement of Commercial Relations Between Nations and the Problems of Monetary Stabilization*. Paris VIIIe: Hauptquartier des Vorstandes der International Chamber of Commerce, 1936. Dies ist der 2. Band einer von einem gemeinsamen Ausschuß der Carnegie-Stiftung und der Internationalen Handelskammer ausgearbeiteten Untersuchung.

100 «Londoner Ausgabe der Schriften von Carl Menger» in *Neues Wiener Tagblatt*, 29. November 1936. SS. 19–20. Besprechung.

1937

101 «Der Völkerbund und das Rohstoffproblem» in *The New Commonwealth Quarterly*. III: 15–25. London: New Commonwealth Institute, Juni 1937.

102 «The Logical Character of the Science of Human Conduct», Travaux du IXe Congrès International de Philosophie (Congrès Descartes), Paris, 1.–6. 8. 1937. Kapitel VIII, S. V. 49–55, in *Actualités Scientifiques et Industrielles*. Paris: Hermann et Cie., 1937.

103 «Introduction» (S. v–vi) zu A. S. J. Basters *The Twilight of American Capitalism* (London: P. S. King & Son, Ltd., 1937).

1938

104 «Or et Inflation» in *Aujourd'hui*. 1. Jg.: Nr. 4: 153–161. 15. Februar 1938.

105 Bemerkungen zu Le Colloque Walter Lippman (26–30. 8. 1938), S. 31, 36–38, 41–42, 52–53, 60–61, 74, 88–90 and 100 der veröffentlichten Verhandlungen. Paris VIe: Librairie de Médicis, 1938.

106 «Économie Dirigée et Démocratie» in *Aujourd'hui*. 1. Jg.: Nr. 10: 495–499. 15. Oktober 1938.

107 «The Disintegration of the International Division of Labour», S. 245–274, in *The World Crisis* (Sammlung von Aufsätzen der Professoren des Graduate Institute of International Studies, Genf, Schweiz. London & New York: Longmans, Green & Co., 1938. Spanisch: «Las Ilusiones del Proteccionismo y de la Autarquía», in *Investigación Económica* (Publicación de la Universidad Nacional Autónoma de México, Escuela Nacional de Economía). II (Nr. 1): 28–54. 1942.

108 «Entendre et Comprendre», S. 17–23 in Bd. III, Abschnitt 134, Teil 5, «Le Droit Comparé comme Science Sociale» von *Recueil d'Études en l'Honneur d'Edouard Lambert*. Paris: Librairie de la Société Anonyme du Recueil Sirey, 1938.

109 «Les Équations de l'économie mathématique et le Problème du Calcul Économique en Régime Socialiste.» Übersetzt von P. Roubier u. H. Mankiewicz. S. 1055–1062 in *Revue d'Économie Politique*. Paris: Librairie du Recueil Sirey, 1938.

1939

110 «Les Hypothèses de Travail dans la Science Économique», S. 97–122 in *Cournot nella economia e nella filosofia*. Padua: Cedam, 1939. Festvortrag vor der Unabhängigen Ökonomischen Fakultät, Venedig.

1941

111 «Productive Capitalism vs. Distributive Socialism» in *Trusts and Estates*. 72: 41–45. Januar 1941.

1942

112 «Social Science and Natural Science» in *Journal of Social Philosophy & Jurisprudence*. 7: 240–253. April 1942.

113 «Ideas sobre la Política Económica de la Postguerra» in *Cuadernos Americanos*. 4: 87–99. Juli-August 1942. Nur auf Spanisch erschienen.

1943

114 «Socialism versus European Democracy» in *The American Scholar*. 12: 220–231. Frühjahr 1943.

115 «‹Elastic Expectations› and the Austrian Theory of the Trade Cycle» in *Economica*. 23. N. F. X: 251–252. August 1943. Bemerkungen zu L. M. Lachmanns Aufsatz, *ebenda*, Februar 1943.

116 Adolf Sturmthals *The Tragedy of European Labor, 1918–1939 (Columbia University Press, 1943)* in *The American Economic Review*. XXXIII: 702–705. September 1943. Besprechung.

117 Egon Ranshofen-Wertheimers *Victory is Not Enough! The Strategy for a Lasting Peace* (Norton, 1942) in *Economica*. 23. N. F. X: 318–319. November 1943. Besprechung.

1944

118 «The Treatment of ‹Irrationality› in the Social Sciences» in *Philosophy and Phenomenological Research*. IV (Nr. 4). Juni 1944.

1945

119 «Planning for Freedom» in *Vital Speeches of the Day*. XI: 441–444. 1. Mai 1945. Veröffentlicht als Broschüre, Washington, N. J.: The Stryker Press, 1945; gemeinsam mit der Rede Rufus S. Tuckers vom selben Datum auch in *Economic Planning*. New York: Dynamic America, Inc., 1945. Neudruck als «The Myth of the Mixed Economy» in *American Affairs* (hrsgg. v. National Industrial Conference Board, Inc.). VII (Nr. 3): 169–174. Juli 1945. Ansprache am 30. März 1945 an die American Academy of Political and Social Science at Philadelphia. Abgedruckt in *Planning for Freedom* (I/23, I/28).

120 «Inflation and Price Control: European Experiences with Price Control» in *The Commercial and Financial Chronicle*. 162: 1. 20. Dezember, 1945. Abgedruckt in *Planning for Freedom* (I/23, I/28).

121 «The Clash of Group Interests» Kapitel IX, in *Approaches to National Unity* (Fifth Symposium). Hrsgg. v. Lyman Bryson, Louis Finkelstein, Robert M. MacIver. New York: Conference on Science, Philosophy and Religion in their Relation to the Democratic Way of Life, Inc., 1945.

1947

122 Bemerkungen zu Dr. Hans Ilau's «Sozialismus oder Vernunft?» (pp. 61–66) in *Die Brücke:* Halbmonatszeitschrift für Politik, Kultur, Wirtschaft. Herausgegeben von der Liberal-Demokratischen Partei. Frankfurt a. M.: Maindruck, April 1947.

123 «We Must Control Credit» auf einem Symposium, «Can An Economic Depression Be Avoided?» *The New York Times* (Magazine Section VI, S.. 7 und 71–75), 13. April 1947. Mises' Bemerkungen finden sich auf S. 73. Weitere Beitragende waren Sumner Slichter, Alvin Hansen, Alan H. Temple und John D. Black.

1948

124 «Stones into Bread, the Keynesian Miracle» in *Plain Talk*. II: 21–27. März 1948. Abgedruckt in *Planning for Freedom* (I/23, I/28) und in *The Critics of Keynesian Economics,* Henry Hazlitt, Hrg. (Princeton, N. J.: D. Van Nostrand Co., Inc., 1960).

125 «Should We Return to a Gold Standard?» Bemerkungen auf einem Symposion, S. 43 der *Studies in Business Economics, No. 17*. New York: National Industrial Conference Board, Inc., 1948, 52 S.

126 «The Objectives of Economic Education», 1. März 1948. Hektographiert. 14 S. Nur in spanischer Übersetzung veröffentlicht: «Los Objectivos Inmediatos de la Educación Económica» (Traducción y Prólogo del Lic. Gustavo R. Velasco) México: Instituto Tecnológico de México, Asociación Mexicana de Cultura, A. C., o. J. 23 S. Neudruck 1960 durch Centro de Estudios sobre la Libertad (Buenos Aires) und Instituto de Investigaciones Sociales y Económicas, A. C. (México).

1949

127 «Laissez Faire or Dictatorship» in *Plain Talk*. III: 57–64. Januar 1949. Abgedruckt in *Planning for Freedom* (I/23, I/28).

128 «The Why of Human Action» in *Plain Talk*. III: 6–10. September 1949.

1950

129 «Benjamin M. Anderson Challenges the Philosophy of the Pseudo-Progressives» in *Plain Talk*. IV: 51–58. Februar 1950. Besprechung von B. M. Anderson's *Economics and the Public Welfare* (D. Van Nostrand, 1949). Abgedruckt in *Planning for Freedom* (I/23, I/28).

130 «Economic Aspects of the Pension Problem» in *The Commercial and Financial Chronicle*. 171: 793 (1). 23. Februar 1950. Abgedruckt in *Planning for Freedom* (I/23, I/28).

131 «Middle-of-the-Road Policy Leads to Socialism» in *The Commercial and Financial Chronicle*. 4. Mai 1950. 171: 1833 (1). Separatdruck: South Holland, Illinois: Libertarian Press, Consumers-Producers Economic Service, 1951. 24 S., abgedruckt in *Planning for Freedom* (I/23, I/28). Ansprache an den University Club, New York, 18. April 1950.

132 «The Alleged Injustice of Capitalism» in *Faith and Freedom*. 1: 5–8. Juni 1950.

133 «The Idea of Liberty is Western» in *American Affairs*. XII: 207–211. Herbstnummer, Oktober 1950.

134 «Lord Keynes and Say's Law» in *The Freeman*. 1: 83–85. 30. Oktober 1950.

135 *A Reading List for the Alert Citizen*. Irvington-on-Hudson, N. Y.: Foundation for Economic Education, 1950. 20 S. Vervielfältigt. Bibliographie von 113 Büchern.

1951

136 «True German History» in *The Freeman*. 1: 250–251. 8. Januar 1951. Besprechung von Erich Eyck's *Bismarck and the German Empire* (Macmillan, 1950).

137 «The Political Chances of Genuine Liberalism» in *Farmand* (Oslo). 17. Februar 1951. Abgedruckt in *Planning for Freedom* (I/23, I/28).

138 «Trends Can Change» in *The Freeman*. 1: 300–301. 12. Februar 1951. Abgedruckt in *Planning for Freedom* (I/23, I/28).

139 «Inflation: An Unworkable Fiscal Policy!» in *The Commercial and Financial Chronicle*. 173: 1. 26. April 1951. Bemerkungen auf der Conference on Economics of Mobilization (6.–8. April 1951) der Chicago University Law School, White Sulphur Springs,

West Virginia. Abgedruckt (S. 107–110, 115–116 und 331–334) in *Defense, Controls and Inflation* (Aaron Director, Hrg.). Chicago: University of Chicago Press, 1952.

140 «The Symptomatic Keynes« in *The Freeman*. 1: 604–605. 18. Juni 1951. Besprechung von R. F. Harrod's *The Life of John Maynard Keynes* (Harcourt, Brace & Co., 1951).

141 *Ludwig von Mises' Seminar (June 25–July 6, 1951): Lecture Notes.* Übertragen von Bettina Bien; nicht von Mises durchgesehen. Irvington-on-Hudson, N. Y.: Foundation for Economic Education, Inc., 1951. 66 S. vervielfältigt.

142 «The Trade Cycle» in *The Freeman*. 1: 828–829. 24. September 1951. Besprechung von Alvin H. Hansen's *Business Cycles and National Income* (Norton, 1951).

1952

143 «India's Economic Problem» in *The Freeman*, 2: 250–252. 14. Januar 1952. Besprechung von vier Büchern: Clare and Harris Wofford, Jr.'s *India Afire.* (New York: John Day, 1951); George Catlin's *In the Path of Mahatma Gandhi.* (Chicago: Henry Regnery, 1950); Jawaharlal Nehru's *Independence and After: A Collection of Speeches, 1946–1949.* (New York: John Day, 1950); *Mid-Century: The Social Implications of Scientific Progress,* hrg. und mit Anmerkungen versehen von John Ely Burchard. (Cambridge: Technology Press; und New York: Wiley, 1950).

144 «On the Confiscation of Rent and ‹Man's Power to Reason›» in *Henry George News.* 15: 8. Februar 1952. Zusammenfassung von Bemerkungen, 14. November 1951.

145 «Our Leftist Economic Teaching» in *The Freeman*. 2: 425–428. 7. April 1952. Kritik des Lehrbuches von Paul M. Sweezy über den Sozialismus in Harvard University's Economics Handbook Series. Abgedruckt in *Planning for Freedom* (I/23, I/28).

146 «Capital Supply and American Prosperity.» Als Broschüre gedruckt. Ansprache an den University Club of Milwaukee, 13. Oktober 1952.

1953

147 «Freedom is Slavery» in *The Freeman*. 3: 410–411. 9. März 1953. Besprechung von Robert L. Hale's *Freedom Through Law, Public Control of Private Governing Power* (Columbia University Press, 1952).

148 «Agony of the Welfare State» in *The Freeman*. 3: 555–557. 4. Mai 1953.

149 «Economics Too Exciting» in *The Freeman*. 3: 602. 18. Mai 1953. Besprechung von R. H. Tawney's *The Attack and Other Papers* (Harcourt, Brace & Co., 1953).

150 «Free Port of the World» in *The Freeman*. 3: 702. 29. Juni 1953. Besprechung von Luis Montes de Oca's Aufsatzsammlung (México: Informador Económico).

151 «Gold versus Paper» in *The Freeman*. 3: 744–746. 13. Juli 1953.

152 «Bemerkungen über die mathematische Behandlung nationalökonomischer Probleme», in *Studium Generale* VI (2): 662–665. Berlin-Göttingen-Heidelberg: Springer Verlag, 1953.

153 «Introduction »(S. iii–vi) zu Selections from Adam Smith's *An Inquiry into the Nature and Causes of the Wealth of Nations (1776).* Chicago: Henry Regnery Co. (Gateway Edition), 1953.

1954

154 «Myrdal's Economics» in *The Freeman*. 4: 496. 5. April 1954. Besprechung von Gunnar Myrdal's *The Political Element in the Development of Economic Theory* (London: Routledge & Kegan Paul, Ltd., 1953).

155 «Preface» (S. 9–11) zu der amerikanischen Ausgabe von W. H. Hutt's *The Theory of Collective Bargaining* (Glencoe, Illinois: The Free Press, 1954).

1955

156 «Government vs. Liberty» in *The Freeman.* 5: 394–396. März 1955. Besprechung von Philip Cortney's *The Economic Munich* (N. Y.: Philosophical Library, 1949).

157 «Inequality of Wealth and Incomes» in *Ideas on Liberty,* No. 1, Mai 1955, S. 83–88. (Irvington-on-Hudson, N. Y.: Foundation for Economic Education, Inc., 1955). Abgedruckt (S. 123–131) in *Essays on Liberty III* (1958).

158 «The Green-Eyed Monster» in *The Freeman.* 5: 745–747. November 1955. Besprechung von Wm. E. Rappard's *The Secret of American Prosperity* (N. Y.: Greenburg, 1955).

159 «Explodes Unification Fallacy» in *Christian Economics.* VII (Nr. 20): 3. 15. November 1955. Besprechung von Hans Sennholz's *How Can Europe Survive?* (Princeton, N. J.: D. Van Nostrand, 1955).

1956

160 «Luxuries into Necessities» im *Newsletter* der New York University Graduate School of Business Administration. I (Nr. 4): 3. Frühjahr 1956. Auszugsweise abgedruckt in *The Freeman.* 6: 31. August 1956.

161 «The Plight of Business Forecasting» in *National Review.* I: 17–18. 4. April 1956. Abgedruckt in *National Review Reader* (New York: Bookmailer, 1957).

162 «Freedom and Government» in *The Freeman.* 6 (Nr. 11): 62–64. November 1956.

1957

163 «Der Sparer als Wähler» in *Zeitschrift für das gesamte Kreditwesen.* 10 (Nr. 1), 1. Januar 1957. S. 24–25.

164 «Vollbeschäftigung und Währungspolitik» in *Schweizer Monatshefte.* 36 (Nr. 10), Januar 1957. Englisch: «Full Employment and Monetary Policy» in *National Review.* III: 589–591. 22. Juni 1957.

165 «Die Rolle der Vorstellung zum Volkseinkommen in der Weltpolitik», S. 502–506 in *Wirtschaftsfragen der freien Welt: Festgabe zum 60. Geburtstag von Bundeswirtschaftsminister Ludwig Erhard* (hg. v. Erwin von Beckerath, Fritz W. Meyer, Alfred Müller-Armack). Frankfurt/M.: Fritz Knapp Verlag, 1957.

1958

166 «Economic Freedom in the Present Day World» in *U.S.A.: An American Magazine of Fact and Opinion.* V: 1–5, 17. Januar 1958. Beantwortung eines Fragebogens von Jacques Rueff für eine Diskussion im Centre Paul Hymans (1957), Brüssel.

167 «Wages, Unemployment and Inflation» in *Christian Economics.* X: 1–3. 4. März 1958. Abgedruckt in *The Freeman.* 8 (Nr. 5): 15–22, Mai 1958; auch S. 25–37 in *Essays on Liberty V* (1958) sowie in der Ausgabe aus 1962 von *Planning for Freedom* (Nr. 28).

168 «Liberty and Property» in the *Commercial and Financial Chronicle.* 188: 1675 (11), 23. Oktober 1958. Referat vor der Mont Pèlerin Society (8. September 1958), Princeton, N. J.

169 «Remarks on ‹Undeveloped Countries› in Princeton, N. J., September 13, 1958», in *The Mont Pèlerin Quarterly.* I: 19–21, April 1959.

170 «Prólogo» (pp. xv–xviii) in *Libertad y Abundancia,* por el Lic. Gustavo R. Velasco. (México: Editorial Porrua, S. A., 1958).

171 «Capital and Interest: Eugen von Böhm-Bawerk and the Discriminating Reader» in *The Freeman.* 9: 52–54. August 1959. Besprechung der englischen Übersetzung (von Hans F. Sennholz und George D. Huncke) des dreibändigen *Kapital und Kapitalzins,* 1922, von Böhm-Bawerk (Libertarian Press, 1959).

172 Bemerkungen zu einem «Symposium on Keynes», *Christian Science Monitor,* 11. September 1959. 2. Teil, S. 9–10.

173 «The Soviet System's Economic Failure» in the *New York World Telegram and Sun,* 5. Oktober 1959. S. 31–34.

174 «Bemerkungen über die ideologischen Wurzeln der Währungskatastrophe von 1923» in *Freundesgabe zum 12. Oktober 1959 für Albert Hahn.*

175 «Liberalismus: (II) Wirtschaftlicher Liberalismus», S. 596–603, in *Handwörterbuch der Sozialwissenschaften.* 23. Lieferung. Stuttgart: Gustav Fischer; Tübingen: J. C. B. Mohr (Paul Siebeck); Göttingen: Vandenhoeck & Ruprecht, 1959.

176 «Markt» S. 131–136 in *Handwörterbuch der Sozialwissenschaften.* 27. Lieferung. Stuttgart: Gustav Fischer; Tübingen: J. C. B. Mohr (Paul Siebeck); Göttingen: Vandenhoeck & Ruprecht, 1959.

177 «The Economic Foundations of Freedom» in *Christian Economics.* XII: 1–3. 26. Januar 1960. Abgedruckt in *The Freeman.* 10 (Nr. 4): 44–52. April 1960; auch in *Essays on Liberty VII* (1960).

178 «Liberty and Its Antithesis» in *Christian Economics.* XII: 1–3. 1. August 1960. Besprechung von F. A. Hayek's *The Constitution of Liberty* (Univ. of Chicago Press, 1959).

179 «Socialism, Inflation and the Thrifty Householder» in *Christian Economics.* XII: 1–3. 18. Oktober 1960.

180 «Foreword» (S. vii–viii) zu Israel M. Kirzner's *The Economic Point of View.* (Princeton, N. J.: D. Van Nostrand Co., Inc., 1960).

181 «Foreign Spokesmen for Freedom» in *The Freeman.* 11: 14–15. März 1961.

182 «On Equality and Inequality: The Low Estate of the ‹Common Man› in the Philosophy of the Left», in *Modern Age.* 5: 139–147. Frühjahr 1961.

183 «Unemployment and the Height of Wage Rates» in *Christian Economics.* XIII: 1–3. 18. April 1961.

184 «The Marxian Theory of Wage Rates» in *Christian Economics.* XIII: 1–3. 30. Mai 1961. Teil 1 einer Ansprache an die Christian Freedom Foundation, Frühjahrskonferenz 1961.

185 «The Marxian Class Conflict Doctrine» in *Christian Economics.* XIII: 1–3. October 3, 1961. Teil 2 der o. a. Ansprache.

186 Bemerkungen zu «full employment», credit expansion, and price and wage controls, «Niet hinken op twee gedachten» in *Burgerrecht.* 16 (Nr. 715): 6–7. 23. September 1961.

187 «Small and Big Business» in *U.S.A.* VIII: 7–8. 22. September 1961. Ausführungen vor der Mont Pèlerin Society (September 1961), Turin, Italien.

188 «Epistemological Relativism in the Sciences of Human Action» (Referat, Symposium on Relativism and the Study of Man, Emory Univ., Sept. 1959) S. 117–134 in *Relativism and the Study of Man* (durchgesehen v. Helmut Schoeck & James W. Wiggins). Princeton, N. J.: D. Van Nostrand, 1961.

189 «Kapitalbildung und die Lehre vom Wachstum», S. 159–165 in *Wirtschaft, Gesellschaft und Kultur*, Festgabe für Alfred Müller-Armack (hg. v. Franz Greiss und Fritz W. Meyer). Berlin: Duncker & Humblot, 1961.

190 «Foreword» (S. v–xi) to Louis Baudin's *A Socialist Empire: The Incas of Peru*. (Princeton, N. J.: D. Van Nostrand Co., Inc., 1961).

1962

191 «The Elite Under Capitalism» in *The Freeman*. 12: 3–11. Januar 1962. Erstveröffentlichung italienisch, «L'Élite Nella Società Capitalistica» in *Rivista Internazionale di Scienze Economiche e Commerciali*. VIII (Nr. 7), 1961. Abgedruckt in *Essays on Liberty IX* (1962).

192 «Freedom Has Made a Comeback: Breaking the Spell of Conformity» (Ansprache bei Young Americans for Freedom Rally, 7. März Madison Square Garden) in *The New Guard*. II: 15. März 1962.

193 «A Dangerous Recommendation for High School Economics» in *Christian Economics*. XIV: 1–3. 3. April 1962. Analyse des (1961) CED National Task Force Report on Economic Education.

194 «A New Treatise on Economics» in *New Individualist Review*. 2 (Nr. 3): 39–42. Herbst 1962. Besprechung von Murray N. Rothbard's *Man, Economy and State* (D. Van Nostrand, 1962).

195 «Un episodio significativo», S. 27–28 in *Il Maestro dell'economia di domani*, von Angelo Dalle Molle. Edizioni di «Via Aperta». Verona: Casa Editrice l'Economista, 1962. 55 S. Nachruf auf Luigi Einaudi.

1963

196 «The Economic Role of Saving and Capital Goods» in *The Freeman*. 13: 28–33. August 1963. Abgedruckt (S. 116–124) in *Essays on Liberty XI*, 1964.

197 «Siegfried von Strakosch», S. 160–165 in *Neue Österreichische Biographie ab 1815: Große Österreicher*. Wien/München/Zürich: Amalthea-Verlag. 1963.

1964

198 «Zukunft des Dollars, Zukunft der Demokratie» in *Zeitschrift für das gesamte Kreditwesen*. 17 (Nr. 1), 1. Januar 1964. S. 14–15.

199 «Professor Hutt on Keynesianism» in *The Freeman*. 14: 57–59. Januar 1964. Besprechung von W. H. Hutt's *Keynesianism – Retrospect and Prospect* (Henry Regnery, 1963).

200 «A New Primer of Economics» in *The Individualist*. 3: 5. Januar 1964. Besprechung von Faustino Ballvé's *Essentials of Economics* (D. Van Nostrand, 1963).

201 «Deception of Government Intervention» in *Christian Economics*. XVI (Nr. 3): 1. 4. Februar 1964.

202 «Wage Interference by Government» in *Christian Economics*. XVI (Nr. 9): 1. 28. April 1964.

203 «Das Eigentum in der Marktwirtschaft» in *Monatsblätter für freiheitliche Wirtschaftspolitik*. 10: 725–729. Dezember 1964. 1. Teil eines Vortrages in Freiburg/Br., Juli 1964.

1965

204 «Monopole – Dichtung und Wahrheit» in *Monatsblätter für freiheitliche Wirtschaftspolitik*. 11: 40–47. Januar 1965. 2. Teil eines Vortrages in Freiburg/Br., Juli 1964.

108

205 «The Gold Problem» in *The Freeman*. 15 (Nr. 6): 3–8. Juni 1965.

1966

206 «The Outlook for Saving and Investment» in *Farmand* (Oslo; Jubiläumsnummer). 12. Februar 1966. S. 24–25.
207 «Wilhelm Roepke, RIP», in *National Review*. XVIII (Nr. 10): 200. 8. März 1966.
208 «Observations on the Russian Reform Movement» in *The Freeman*. 16 (Nr. 5): 23–29. Mai 1966.
209 «Du Caractère Atavique de Quelques Idées Économique» (Aus dem Englischen, «On Some Atavistic Economic Ideas») in *Les Fondements Philosophiques des Systèmes Économiques*. Paris: Payot, o. J. Festschrift für Jacques Rueff anläßlich seines 70. Geburtstages.

1967

210 «On the International Monetary Problem» in *American Opinion*. X (Nr. 2): 23–28. März 1967.

1968

211 «Wirtschaft und Staat» in *Schweizer Monatshefte*. 48 (Nr. 1), April 1968. S. 13–16.

1969

212 «Capitalism versus Socialism» in *The Intercollegiate Review*. 5 (Nr. 3–4): 133–139. Frühjahr 1969.
213 «On Current Monetary Problems», Interview von Prof. Percy L. Greaves, Jr. Lansing, Mich.: Constitutional Alliance, Inc., 1969. 30 S.

Register

Stefan Kolev

Neoliberale Staatsverständnisse im Vergleich

Marktwirtschaftliche Reformpolitik Bd. 14

2013. XII/320 S., geb. € 38,-. ISBN 978-3-8282-0584-0

Der Neoliberalismus ist in aller Munde. Alles Krisenhafte in der globalen Ökonomie wird ihm gerne angelastet. Zu Recht?

Das vorliegende Buch unternimmt den Versuch, die Gründergeneration der Neoliberalen daraufhin zu untersuchen, welche Rolle sie dem Staat zuweisen. Es werden vier herausragende Neoliberale der ersten Stunde ausgewählt: Walter Eucken, Friedrich August von Hayek, Ludwig von Mises und Wilhelm Röpke. Ihre Staatsverständnisse werden in drei Vergleichen zueinander in Beziehung gesetzt und um ihr jeweiliges Gravitationszentrum aufgebaut. Die Analyse verläuft auf zwei Ebenen: Zunächst werden abstrakte Leitbilder für die Rolle des Staates herausgearbeitet, anschließend werden diese auf die konkrete Wirtschaftspolitik projiziert.

Ziel der Studie ist es, einen strukturierten Zugang zu den vier Denkern herzustellen und sie mit der Vielfalt und dem Wandel in ihren Denkmustern dem Leser zu präsentieren. So soll ein Beitrag zur Entmystifizierung des Neoliberalismus und seiner Protagonisten geleistet werden, damit der gegenwärtige Krisendiskurs von ihren Ideen profitieren kann.

Aus dem Inhalt:

LUCIUS
"LUCIUS   *Stuttgart*

Ludwig von Mises

Die Gemeinwirtschaft

Untersuchungen über den Sozialismus

2., umgearbeitete Auflage, Jena 1932, mit einem
Vorwort von Theodor Müller und Harald Freiherr v. Seefried

2007. XXX/517 S., Ln., € 58,-. ISBN 978-3-8282-0411-9

Aus dem Vorwort von Ludwig v. Mises (1932):

„Mehrere Menschenalter einigermaßen liberaler Wirtschaftspolitik haben den Reichtum der Welt gewaltig gemehrt. Der Kapitalismus hat die Lebenshaltung der Massen auf einen Stand gehoben, den unsere Vorfahren nicht ahnen konnten: Interventionismus und die auf Herbeiführung des Sozialismus gerichteten Bestrebungen sind seit einigen Jahrzehnten am Werke, das Gefüge der arbeitteilenden Weltwirtschaft zu zertrümmern. Wir stehen am Rande eines Abgrundes, der unsere Zivilisation zu verschlingen droht: Ob die menschliche Kultur für immer untergehen oder ob es in letzter Stunde noch gelingen. wird, die Katastrophe zu vermeiden und auf den einzigen Weg, der Rettung bringen kann, den Weg zu der auf rückhaltloser Anerkennung des Sondereigentums an den Produktionsmitteln beruhenden Gesellschaftsordnung, zurückzufinden, wird von den Ideen abhängen, die das Geschlecht erfüllen werden, das in den kommenden Jahrzehnten zu wirken berufen ist."

Dieser Neudruck des klassischen Werke im Jahr 2007 hat erhebliche Resonanz erfahren und wurde bereits mehrfach nachgedruckt.

Aus dem Inhalt:

*„*LUCIUS
LUCIUS *Stuttgart*

www.ingramcontent.com/pod-product-compliance
Lightning Source LLC
Chambersburg PA
CBHW061257220326
41599CB00028B/5685